Raúl Bracho

Droga versus Revolución

Raúl Bracho

Droga versus Revolución

Dictus Publishing

Impressum / Aviso legal
Bibliografische Information der Deutschen Nationalbibliothek: Die Deutsche Nationalbibliothek verzeichnet diese Publikation in der Deutschen Nationalbibliografie; detaillierte bibliografische Daten sind im Internet über http://dnb.d-nb.de abrufbar.

Información bibliográfica de la Deutsche Nationalbibliothek: La Deutsche Nationalbibliothek clasifica esta publicación en la Deutsche Nationalbibliografie; los datos bibliográficos detallados están disponibles en internet en http://dnb.d-nb.de.

Coverbild / Imagen de portada: www.ingimage.com

Verlag / Editorial:
Dictus Publishing
ist ein Imprint der / es una marca de
OmniScriptum GmbH & Co. KG
Heinrich-Böcking-Str. 6-8, 66121 Saarbrücken, Deutschland / Alemania
Email / Correo Electrónico: info@dictus-publishing.eu

Herstellung: siehe letzte Seite /
Publicado en: consulte la última página
ISBN: 978-3-8473-8781-7

Droga versus Revolución

Propuestas para un plan socialista contra la adicción.

Raúl H. Bracho

Prólogo

Drogas Versus Revolución fue la primera obra que escribí al egresar de Cuba, impulsado por la necesidad de ir más allá del mero tratamiento sicológico a las adicciones que siempre ha sido frágil y que en un gran porcentaje termina en recaídas en muchos pacientes y buscando poder lograr resultados permanentes. Es decir que esta obra fue escrita en el año 2.006, hace ya 7 años.

Durante estos largos y hermosos 7 años mi vida ha sido intensa y hermosa, hoy al volver a leerlo para su publicación, gracias a las atenciones de **Dictus Publishing**, no dejo de sentir que he cambiado y mejorado mi visión. En este libro aun, me refiero a las personas en adicción como "adictos" un término que ya no uso, en la búsqueda de la dignificación y desestigmatización de quienes damos esta batalla he discutido con rigor para que se "humanice" y nos refiramos a **personas con adicción**, colocando la condición humana como la primera de las metas a conseguir en la rehumanización que debe incluir el tratamiento, lucha que años después de escrito ha sido victoriosa por lo menos en Venezuela.

En estos años, logré ser partícipe de la Comisión de la **Asamblea Nacional de la República Bolivariana de Venezuela** que redacto la nueva ley correspondiente al tema: **Ley Orgánica de Drogas,** además de participar junto a la Coronela Sader, Ministra del Poder Popular de la Salud hasta abril próximo pasado, en la creación del **SNTA (Sistema Público Nacional de Tratamiento y Atención de las Adicciones)** que firmara el presidente Hugo Chávez en el año 2.010.

Aún falta mucho por hacer en Venezuela y el mundo, espero que este libro sea el comienzo y pueda publicar luego trabajos más recientes.

Mi agradecimiento a Johnny Ramos Coordinador del Convenio de Salud Cuba Venezuela, al General Néstor Luis Reverol Torres de la Oficina Nacional Antidrogas (ONA), a la Ministra Eugenia Sader Castellanos y a Rafael Sánchez actual presidente de FUNDARIBAS, órgano encargado de los tratamientos de adicciones en el ministerio de Salud, con quienes luché ardorosamente por abrir una visión socialista que aborde este problema social.

Con un gran agradecimiento a Camilo Murialdo, mi editor de Dictus Publishing, sin cuyos esfuerzos esta obra no se hubiera publicado.

Índice

LA GLOBALIZACIÓN Y EL HOMBRE NUEVO.

El primer globalizador a mi criterio, revisando la historia de la humanidad, fue Cristóbal Colón.

Es gracias a su supuesto viaje a las Indias, donde un hombre se atreve a romper el reto de aquel horizonte lejano y plano que atrapaba a los habitantes de Europa en un mar inmenso y azul, detrás del cual sólo cabían especulaciones sobre la comprensión del lugar dónde se encontraba ubicada la raza humana. Ese viaje de un almirante valiente dispuesto a ver de cerca de qué se trataba el horizonte, rompió con todas las hipótesis que construían los demás hombres, atrapados en sus propios miedos a lo desconocido, desde las arenas de la orilla.

Aquel viaje fue determinante en la comprensión de la ubicación espacial de nuestra especie: que la Tierra es redonda, que nos mantenemos suspendidos en el espacio al igual que todos las estrellas que brillan en el cielo y que somos una parte más dentro del universo, Sin olvidar que también fue el primer paso para incorporar a nuestro continente al naciente capitalismo europeo.

Por tanto, parto de que la palabra globalizar debe ser entendida y utilizada como un modelo de ver las cosas en conjunto, integradas a las demás cosas que la acompañan y no solamente hay que hacer referencia a ella para hablar de la "globalización neoliberal". Globalización es un término que cada día se hace más necesario en el replanteamiento y la revisión de los problemas del mundo y debemos rescatar esta palabra para utilizarla genéricamente. Entonces cuando hablemos de globalización, entenderemos que nos referimos a la visión en contexto de los problemas que planteamos.

La Casa del Hombre Nuevo, habla en sus principios, con los que terminaré este libro, en términos muy claros. Cuando decimos Hombre Nuevo, o mejor dicho, cuando el médico argentino Ernesto Guevara habla por primera vez del "Hombre Nuevo", está globalizando a un nuevo ser que debe crearse, como instrumento indispensable para la transformación de nuestra sociedad.

En el párrafo anterior, me refiero al Che, anteponiéndole su profesión o mejor dicho el título que obtuvo dentro de la formación del sistema y el cual ejerció sólo en momentos en que en la guerrilla en la que participó le fue necesario, para ejercer el resto de su vida el título que los hombres sencillos y llenos de profundos sentimientos de amor pretendemos ostentar: el de revolucionario.

Puedo decir, sin embargo, que la obra que queda del Che, no deja de ser la intervención de un hombre ejercitando la historia como única medicina posible para sanar una sociedad a la que le diagnosticó un mal ya casi en estado terminal: el capitalismo.

Jamás olvidaré mis lecturas sobre la vida del Che, él mismo relataba, que en alguna de las batallas que libró en Cuba, hubo un momento, ante un fuerte bombardeo de las fuerzas de Batista que a la hora de movilizarse él se había quedado solo y debía caminar hasta ubicar a sus tropas y estando herido en una pierna, tuvo que tomar la decisión de optar por llevar uno solo de los dos morrales que tenía frente a sí: uno contenía las medicinas y el otro contenía las municiones. El Che se decidió por el último, tomó su morral lleno de balas y comenzó a andar...

Entonces claramente este gran hombre nos hace saber en la historia de su vida, que ese amor a su especie, que lo había llevado cuando joven a estudiar medicina, para prepararse y poder combatir el dolor de sus semejantes, ese amor le fue enseñando cada día más, en sus viajes a través de Latinoamérica, que el mal era más maligno de lo que estimó y que ni sus estudios de medicina serían suficientes para mejorar en nada la realidad de atraso, de miseria y subdesarrollo que encontraba en su camino.

Fue así como en México contacta con Raúl Castro Ruz, hermano de Fidel, y se incorpora como voluntario en la expedición del Granma que ellos estaban organizando para ir a liberar a Cuba de la Dictadura de Fulgencio Batista.

Tal vez entonces el Che empezó a entender un nuevo modelo de medicina: la medicina global. Comenzó a entender que los males que originaban el dolor de los pueblos, la ignorancia, el hambre, la inasistencia médica inclusive, no se podrían aliviar recetando aspirinas a través del continente y cuando años más tarde tiene que elegir entre los dos morrales nos deja una enseñanza muy clara de la comprensión de su camino.

A mi criterio, el Che no abandona la carrera de medicina para hacerse guerrillero, no, el Che comienza a ejercer una verdadera medicina cuando monta sobre sus hombros un fusil y cambia la bata blanca por su hermosa boina negra.

No podía ver los problemas aislados uno del otro, sin relación, no, había hilvanado todas las conexiones para entender que lo que pasaba tenía un origen mayor, que estaba enferma la especie humana entera, en grave peligro y para la intervención necesaria para curarla un bisturí sería ridículo.

Ernesto Che Guevara, entonces, al comprender los riesgos de salud de la humanidad que habita nuestro planeta, globaliza los síntomas y logra un diagnóstico terrible que lo hace asumir la lucha armada contra ese mal que tiene ante si y ve que si no se le derrota, éste va a aniquilar a la raza humana.

Creo que ya en los últimos años que nos acompañó fue mucho más profundo y certero, al ya tener territorios liberados, como lo fue Cuba después de la revolución, empieza a dar tratamiento al mal que había diagnosticado.

El Che se da cuenta de lo grave de la situación. La sociedad está enferma, el hombre que la compone también está enfermo, hay que hacer cambios fundamentales.

Escuchemos un poco sus palabras:

"La nueva sociedad en formación tiene que competir muy duramente con el pasado. Esto se hace sentir no sólo en la conciencia individual, en la que pesan los residuos de una educación sistemáticamente orientada al aislamiento del individuo, sino también por el carácter mismo de este período de transición, con persistencia de las relaciones mercantiles. La mercancía es la célula económica de la sociedad capitalista; mientras exista, sus efectos se harán sentir en la organización de la producción y por ende, en la conciencia."

"En la sociedad capitalista, el hombre está dirigido por un frío ordenamiento que, habitualmente, escapa al dominio de su comprensión. El ejemplar humano, enajenado, tiene un invisible cordón umbilical que le liga a la sociedad en su conjunto: la ley del valor. Ella actúa en todos los aspectos de su vida, va modelando su camino y su destino.

Las leyes del capitalismo, invisibles para el común de las gentes y ciegas, actúan sobre el individuo, sin que éste se percate. Sólo ve la amplitud de un horizonte que aparece infinito. Así lo presenta la propaganda capitalista que pretende extraer del caso Rockefeller –verídico o no-, una lección sobre las posibilidades de éxito. La miseria que es necesario acumular para que surja un ejemplo así y la suma de ruindades que conlleva una fortuna de esa magnitud, no aparecen en el cuadro y no siempre es posible a las fuerzas populares aclarar estos conceptos."

¿Es o no esto un verdadero diagnóstico de medicina global?

Claro que lo es, el Che nos enseña la lección, interpreta las relaciones de la sociedad capitalista. Esta sociedad, nunca ha contado con ideólogos dispuestos a interpretar la sociedad con el fin de entenderla y mejorarla, el capitalismo con lo que cuenta siempre es con grandes cerebros que tienen el precio colgando en una etiqueta, vendidos, pues ese es su síntoma fundamental, la búsqueda de la riqueza. El día que la ideología y la interpretación de la sociedad hecha con verdaderas intenciones liberadoras produzcan dinero y ganancias, entonces el capitalismo tendrá verdaderos ideólogos, hasta tanto eso pase, su único ideólogo conocido, no es un hombre capitalista, aunque nace de una familia burguesa: Carlos Marx. Mientras tanto, cualquier talento que se destaque dentro del sistema capitalista será absorbido para usar sus facultades a favor de la dominación en cualquier frente mediático, en vez de encausarse, como lo hizo Carlos Marx, hacia una interpretación de la sociedad para su liberación.

El Marxismo, ciencia planteada por Marx, le brinda al Che la comprensión del monstruo que se está devorando a la humanidad: el capital, el dinero, la búsqueda de la ganancia.

Marx plantea esto en uno de sus escritos filosóficos, cuando la sociedad o algunos de sus hombres crean el concepto de la ganancia, del aprovechamiento del trabajo de otros para acumular riquezas, entonces comienza su enajenación.

Allí comienza la enfermedad, allí está el origen, buscar culpas en otra parte es inútil, cualquier camino de investigación que se realice con honestidad tendrá que llevarnos a este punto.

Entonces, retomando al Che, al evaluar este problema que vive la humanidad, se da cuenta fundamentalmente de algo sumamente importante: hay que cambiar al Hombre, hay que cambiar su entorno, sus relaciones económicas, pero también hay que cambiarlo por dentro, hay que curar su mente que está afectada.

Sigamos escuchándolo:

"En este período de construcción del socialismo podemos ver el hombre nuevo que va naciendo. Su imagen no está todavía acabada; no podría estarlo nunca ya que el proceso marcha paralelo al desarrollo de formas económicas nuevas. Descontando aquellos cuya falta de educación los hace tender al camino solitario, a la autosatisfacción de sus ambiciones, los hay que aun este nuevo panorama de marcha conjunta, tienen tendencia a caminar aislados de la masa que acompañan. Lo importante es que los hombres van adquiriendo cada día más conciencia de la necesidad de su incorporación a la sociedad y, al mismo tiempo, de su importancia como motores de la misma."

Este comienzo explica por qué hemos tomado el nombre de Hombre Nuevo para identificar nuestra lucha, cuál es su origen y el concepto que abarca en la comprensión de los problemas de la humanidad. La Casa del Hombre Nuevo es un frente para luchar contra los valores del pasado, que todavía hoy perduran y que seguirán existiendo mientras no se ataque el problema en su esencia, Hombre Nuevo implica un esfuerzo personal y social para esta lucha por salvar a nuestra propia especie.

Despidamos este texto con palabras del Che:

"Así vamos marchando. A la cabeza de la inmensa columna- no nos avergüenza ni nos intimida decirlo- va Fidel, después, los mejores cuadros del partido, e inmediatamente, tan cerca que se siente su enorme fuerza, va el pueblo en su conjunto; sólida armazón de individualidades que caminan hacia un fin común; individuos que han alcanzado la conciencia de lo que es necesario hacer; hombres que luchan por salir del reino de la necesidad y entrar al de la libertad.

Esa inmensa muchedumbre se ordena; su orden responde a la conciencia de la necesidad del mismo; ya no es fuerza dispersa, divisible en miles de fracciones disparadas al espacio como fragmentos de granada, tratando de alcanzar por cualquier medio, en lucha reñida con sus iguales una posición, algo que permita apoyo frente un futuro incierto."

"Todos y cada uno de nosotros paga puntualmente su cuota de sacrificio, consientes de recibir el premio en la satisfacción del deber cumplido, consientes de avanzar con todos hacia el hombre nuevo que se vislumbra en el horizonte"

EL MOMENTO ACTUAL DE LA HISTORIA.

El Che Guevara ha renacido de la mano de los pueblos latinoamericanos, sus palabras han sido una profecía, la América Latina se despierta.

En un momento de gran crisis, donde ya se respira el riesgo de que si continuase en manos del "capitalismo" el destino de la especie, estará en riesgo la propia supervivencia, en días en que el calentamiento global y sus funestas repercusiones sobre el planeta ya se manifiesta en desequilibrios de las temperaturas y la estabilidad climática necesaria para subsistir, en la América Latina se respiran de nuevo aires de revolución. Las conciencias de la gran mayoría de sus habitantes, campesinos, indígenas y trabajadores están abriendo sus ojos con espanto y reaccionan no solo en defensa de sus derechos sino en la defensa de una posibilidad de vida para sus descendientes.

Cristo y el Che regresan tomados de la mano, ambos sembraron la necesidad de retomar los verdaderos valores de la vida. Cristianos y revolucionarios se dan la mano y los cristianos se empiezan a hacer revolucionarios y los revolucionarios nos empezamos a hacer más cristianos, en una alianza natural para tomar el poder y la conducción de nuestros destinos, para la ofensiva final de la nueva revolución.

Esta revolución que comienza deberemos mantenerla lejos de la guerra lo más posible, la guerra es un campo que pertenece al enemigo, nuestra arma en este nuevo siglo, así como lo profetizó Fidel, son las ideas, la formación de conciencia y de esta forma ya nuestro continente se ha encendido de voces nuevas, de nuevos líderes que han tomado el poder en la mayoría de nuestras naciones.

El Hombre Nuevo no puede quedarse tan solo como slogan político, el hombre nuevo es la única manera de cambiar y de salvarnos y recuperar la felicidad para nosotros y para los demás, el Hombre Nuevo debe nacer, se debe fortalecer para asumir las grandes tareas de transformación.

DE QUIENES NACEN ESTOS CONCEPTOS

Hasta ahora, el Hombre Nuevo es una importante referencia en la historia que se escribe en nuestros días, es como un norte que se recuerda de vez en cuando, como una esperanza.

Tomamos esa bandera y la hacemos nuestra, un colectivo integrado por seres humanos que sufrimos dentro de nuestra propia vida el dolor y la destrucción de uno de los males que produce esta sociedad: la esclavitud a las drogas y al alcohol.

Un grupo de ciudadanos que sumamente deteriorados por haber sufrido durante años, adictos al consumo de estas sustancias y que fuimos invitados por nuestro gobierno revolucionario a ir a Cuba, para recibir un tratamiento contra la adicción, nos vimos en la necesidad de unirnos para protegernos, al regresar de ese tratamiento, sobre todo por un gran instinto de sobre- vivencia, al darnos cuenta de que al regresar ya no había mas apoyo.

Se nos devolvía a la sociedad de nuevo, pero el Convenio de salud Cuba-Venezuela no brindaba sino sólo recomendaciones a nuestras familias para nuestra reinserción. No existen todavía hoy estructuras para dar seguimiento y apoyo a los venezolanos y venezolanas que egresan de las clínicas de rehabilitación de Cuba.

Ya, desde las mismas clínicas donde recibimos nuestro tratamiento, veíamos que algo no estaba funcionando, era frecuente el enterarnos de que familiares de amigos que regresaban, llamaban llorando, con voces de angustia y dolor, pues sus familiares habían recaído.

Comenzamos a pedir ayuda, yo, que fui un gran lector y también militante de movimientos revolucionarios, como la Juventud Comunista y Poder Joven, escribí una carta, que agregaré entre otros documentos al final de este libro, dirigida a las autoridades, pidiendo que se nos brindara apoyo en nuestra reinserción y seguimiento a nuestra enfermedad. Recuerdo que caminaba por el centro de la ciudad y donde veía alguna oficina gubernamental, entraba, preguntaba cómo se llamaba el ministro, ponía su nombre en alguna de las muchas fotocopias que tenía de aquella carta, que había impreso en letras muy grandes y se la dejaba en la taquilla de correspondencia.

Allí comenzó este camino, que he decidido escribir ahora, después de dos años, para que sirva como ayuda, para que se entiendan muchas cosas. Ha sido un largo camino y muy fuerte.

Habíamos tomado la decisión de no desfallecer, de mantenernos a pesar de no contar con ningún tipo de apoyo y al día de hoy, de seis que comenzamos esta lucha, cinco hemos logrado mantenernos alejados de aquel pasado infernal y un compañero que recayó, quizá por ser un muchacho muy joven que vive en un barrio muy peligroso, está protegido por su familia y esperamos que pronto nos acompañe de nuevo y aproximadamente cincuenta personas más, entre egresados y familiares, que se han unido a nuestra lucha.

Yo, en lo particular, que siempre fui un apasionado revolucionario toda mi vida, tomé el compromiso de profundizar esta lucha y me he dedicado estos años a llevarla adelante, no sin dedicar un buen tiempo de mis días a leer y estudiar, a analizar e interpretar todo sobre el problema que nos afectaba.

Tomé la decisión de tomar como bandera el nombre de Hombre Nuevo por haber recibido nuestro tratamiento en Cuba, donde el Che concibió la necesidad de crearlo, y por ver la semejanza en lo que estaba pasando en nuestras vidas. Nosotros cinco tomamos la decisión de ser hombres nuevos, de dejar atrás un pasado diabólico en el que sufrimos nosotros y causamos dolor a nuestros familiares.

Viendo todo esto como un drama peculiar, resulta dramático e impresionante, pero no dejaba de ser un problema de sólo cinco personas. Al investigar y analizar empecé a tomar conciencia de que no éramos sólo cinco personas aisladas, de que este problema afecta a muchos en nuestro país y a millones en el planeta y que la falta de una verdadera percepción del problema y un enfoque mal planteado no estaban dando la respuesta adecuada.

Tomé la decisión de hacerme vocero y promotor de esta lucha, de crear ese apoyo a como diera lugar, pero la tarea se me hace grande porque el problema es enorme.

Claro, el nombre de Hombre Nuevo, no es sólo para nosotros. Más de uno estará enfilando sus baterías contra la prepotencia y la arrogancia de estos drogadictos de asumir para ellos un concepto tan heroico y revolucionario como Hombre Nuevo, a simple cuenta de que están "rehabilitados". No, señores, no es nuestro, es un nombre que compartiremos con todos aquellos seres humanos que en cualquier país del mundo, como nosotros, sufren y son excluidos, con todos aquellos que no tienen un pedazo de pan con que desayunar, con todos aquellos que no tienen salud, con todos los que no pudieron llegar a ser nada en esta vida, porque no se les brindó el derecho al estudio, con todos los mendigos, con todos los pobres, con todos los explotados que junto a nosotros representan a la gran mayoría de la sociedad.

Nosotros comprendimos muchas cosas en Cuba y es a quien menos podemos culpar de lo que está pasando con nosotros. Era más bien, por esa gran falla estructural de nuestra sociedad que no había conciencia de la necesidad de apoyarnos o quizá tampoco el interés. Más rabia me daba esto al sentir que la historia que vivimos en Venezuela, la hermosa revolución que nos envió a Cuba, tampoco se diera cuenta de esto.

Pero fuimos escuchados por muchos, hemos recibido por lo menos la aceptación de nuestros problemas y como en el país no existía ningún instrumento de salud que pudiera atendernos, se nos pidió a nosotros mismos que organizáramos y planteáramos soluciones.

Creo que el día que nos pidieron eso, se desató esta gran fuerza y esta toma de conciencia, se tardará un poco más, pero será realmente una respuesta que nacerá desde nuestro propio fondo y puedo apostar todo a que tendrá un gran éxito.

Estas reflexiones son parte de este gran esfuerzo. Ya hemos comprendido muchas cosas que pasan y por qué pasan. Nosotros hemos invitado a los profesionales que nos quieran acompañar, siquiatras, sicólogos, trabajadores sociales, etc. a emprender esta lucha por dar verdaderas soluciones y no pegarles "parches" a los adictos, como si fueran cauchos espichados que hay que rencauchar para que rueden un rato más.

Somos, como dicen nuestros principios: hombres del común, enfermos por una sociedad que está enferma, que hemos tomado conciencia de que además de cambiarnos a nosotros es preciso el cambio de la sociedad, para que la recuperación de nuestras vidas sea perdurable y en la medida que avancemos haremos de este movimiento, de la Casa del Hombre Nuevo, la casa de todos aquellos que sufren. Porque no sólo las drogas hacen daño, el dinero, que es la droga "madre", el egoísmo, el poder, el hambre, la ignorancia y la incultura también causan infelicidad en el ser humano.

Sin ningún tipo de egocentrismo, puedo asumir este derecho de tomar esta bandera, la del "Hombre Nuevo", así como los seguidores de Jesús, el revolucionario, fueron todos aquellos execrados y castigados por la sociedad: los leprosos, las putas y los mendigos.

Hoy seremos todos aquellos castigados de la tierra los que seguiremos al hombre nuevo, porque no tenemos nada que perder más que nuestro sufrimiento.

En el tratamiento a las adicciones, no sólo en Venezuela sino en el mundo, hay grandes fallas. Cada día hay más adictos, estudios de la Organización Mundial de la Salud estiman que entre un tres y un cinco por ciento de la población sufre de adicción al alcohol o las drogas. Si sumamos a esta cifra, que por cada adicto en consumo activo hay un mínimo de diez personas que sufren (familiares, vecinos, amigos), estamos hablando de un problema que como mínimo afecta ya casi al 20 por ciento de la población mundial, nosotros creemos que estas cifras no son las correctas, que deben ser superiores, pero aun así, éstas ya son alarmantes.

Crece más cada día el número de personas que prueban las drogas, hay fallas en los centros, hay un efecto de "puerta giratoria", entran los adictos por un lado a tratamientos y por la otra puerta salen directo a consumir, los resultados son escuálidos, es un problema que cada día crece más y más. Es un grave problema que está desbordado y alguien tiene que hacer algo, pero seriamente, con un concepto, con una verdadera estrategia, que entienda verdaderamente el problema para que pueda dar una verdadera solución.

Quizá sea la primera vez que se puedan expresar en un libro las consideraciones que tenemos quienes la hemos sufrido, quizá es la primera vez que se escriban nuestras propuestas, quizá sea la primera vez que los enfermos tengan que asumir la lucha por su cura, pero nada podrá detener nuestro sentido de supervivencia ni el de nuestra solidaridad por todos los que como nosotros tienen que luchar por su derecho a ser felices. Quizá esté empezando una verdadera toma de conciencia, donde ya no dictarán los "modelos de tratamientos" los mercaderes de la salud sino la propia voz del hombre, la toma de conciencia y el apoyo de aquellos profesionales que conserven su amor a la salud y su sentido humanitario por encima de las ansias de lucrarse.

En estos textos y reflexiones encontrarás ideas que podrán darte un criterio más global de la problemática, bien porque seas adicto o adicta o porque lo sea algún familiar tuyo; he reunido aquí muchos criterios que pueden ayudar tanto a quienes egresan de los Centros de rehabilitación en Cuba u otro lugar, como a sus familiares y a su medio social circundante y también espero que sea de utilidad para los profesionales de distintas áreas que mantengan vínculos o relación alguna con el trabajo sobre las adicciones.

Por demás queda claro que no trataré el problema desde un punto de vista clínico o médico, pues yo no soy doctor ni licenciado, ni en psiquiatría ni en psicología. Simplemente daré mis percepciones y la experiencia compartida con mis compañeros que nos ha servido, y podrá servirle a otros, he incluido en estos escritos conceptos y definiciones que he encontrado en distintos libros, en Internet, en talleres que he participado, en terapias y que no se encuentran reunidos en ningún texto, por lo menos de los que yo haya leído.

La finalidad no es otra que la de apoyar, la de ayudar a esclarecer a personas que no tienen una información suficiente para que en ellos se forme la conciencia necesaria para manejar esta dolencia. Quizá para algunos el lograr esta conciencia les servirá para rehacer su vida de una manera más feliz. Ojalá a muchos otros el tomar esta conciencia los comprometa a luchar junto a nosotros por el mundo nuevo que soñamos.

Quiero usar un lenguaje que nos sea accesible a todos, que pueda ser comprendido por todos, sin tantos términos científicos ni enredados y técnicos nombres, para que nos permita manejar un mismo lenguaje ya que el trabajo deberemos hacerlo en un gran equipo donde el adicto, su familia y su entorno social junto a los terapeutas involucrados buscaremos nuevas soluciones que aporten resultados exitosos en nuestro camino.

¿POR QUÉ EL HOMBRE DE NUESTRA SOCIEDAD HACE ADICCIÓN AL USO DE DROGAS?

Esta es una pregunta muy importante y fundamental, ¿por qué se consumen drogas? ¿Cuáles son los motivos y las razones de que un porcentaje importante de nuestra población haga adicción a ellas? Hay muchas razones, pero la mejor respuesta es que esto pasa porque vivimos en una sociedad llena de injusticias, de falsas expectativas y promesas, llena de valores que no corresponden al verdadero sentimiento humano, una sociedad que genera diferencias entre nosotros, diferencias económicas, sociales y culturales, una sociedad que no nos brinda posibilidades de desarrollo personal o familiar, que no nos brinda la posibilidad de prepararnos, de estudiar, de participar y tener una ambición real y posible de ser alguien dentro de nuestra misma sociedad. Una sociedad que es excluyente con la gran mayoría, que son los pobres o los de menores recursos, los que no pueden disfrutar de una buena vivienda, de salud, de oportunidades de estudios y de la posibilidad real de un futuro feliz.

Estas causas no pueden dejar de verse, pues esta sociedad genera una frustración fuerte en una gran parte de la población y muchos, dentro de ese grupo, que quizá tienen ciertas características psicológicas particulares corren más el riesgo de evadirse o buscar refugio en una felicidad falsa que le ofrece el alcohol u otras drogas.

Sobre lo que uno espera de la sociedad, desde que éramos niños, quiero compartir la lectura de un pequeño trabajo que me envió el conocido escritor venezolano Luis Britto García que, con su estilo agradable y lleno de humor nos ilustrará este tema, dice así:

"EL FRAUDE DEL SIGLO XXI" Luis Britto García.

"El niño que nunca terminó de crecer todavía espera los prodigios del siglo XXI que la ciencia ficción y las comiquitas le prometieron en su primera infancia. Para el niño que nunca terminó de crecer, en el siglo XXI despertarse sería sinónimo de ajustarse el cinturón cohete y lanzarse por la ventana entre seres volantes para aterrizar en aceras rodantes de ciudades transparentes con factorías donde robots obedientes hacen todo el trabajo y crean los bienes que han desterrado la pobreza del mundo. Despertarse es zigzaguear sobre la sede del Gobierno Mundial para contemplar las plataformas construidas con lo ahorrado en armamentos, desde donde se lanzan platillos voladores para vivir sobre nubes mirando los prodigiosos palacios sostenidos sobre rayos antigravitatorios, contemplando los animados deportes de las cabalgatas de delfines y la lucha con pulpos, bajando a los prados de los festines del amor libre al borde de los astropuertos que disparan cohetes para Marte y la Luna y los planetas externos y Las Pléyades. Las máquinas transportadoras trasladan a los sigloveitiunícolas a los grandes laboratorios de los polos, donde una biología maravillosa regenera el cabello, los dientes, los órganos y el ánimo perdido y empolla los embriones de la próxima generación que constará únicamente de genios cuyas obras asombrarán los espacios públicos de las megalópolis y animarán selvas mutantes y mares inteligentes. Se anuncia la inmortalidad. No hay capricho ni aventura que resulte prohibida. Proyecciones holográficas crean mundos virtuales donde la sorpresa y el peligro destierran los límites del asombro. Pero el niño que nunca terminó de crecer se asoma a la ventana del mismo edificio y mira la sempiterna gastada congestión de automóviles y el idéntico aire contaminado. Junto a la cama la misma radio y la misma televisión repiten consabidas tonterías desde hace medio siglo. Algún periódico del día anterior recicla idénticas torpezas. Las cuñas proponen los mismos remedios, para las mismas hipocondrías. Lo único nuevo son las enfermedades. El niño que no terminó de crecer se consolaría endosándose rutilantes trajes de superhéroe con apuestos cascos y marciales botas y colores delirantes, pero allí le espera la última humillación. Despertarse en el siglo XXI endosarse todavía las mismas tristes medias, los mismos anticuados zapatos, los mismos aburridos calzoncillos, abotonarse la misma tediosa camisa con su ridículo cuello anudarse la misma monótona corbata, ahogar el mismo estornudo de la misma gripe con el mismo desesperado pañuelo. Se puede encender un computador nuevo pero para recibir por él idénticas banalidades. En algún sitio futuro siguió andando, pero el niño que nunca terminó de crecer descubre que quien nunca terminó de crecer fue el siglo XX."

Todos cuando niños tenemos expectativas, "idealizamos" el futuro, con el pasar de los años nuestro futuro, ya hecho realidad, es muy diferente a lo que idealizamos. Vivimos en una sociedad que no prepara hombres, sino "consumidores", que nos hace creer en un futuro tan extraordinario como el que describe excelentemente Luis Britto en este texto, y cuando vamos creciendo cada vez lo que vamos encontrando son frustraciones y decepciones, no era tan fácil ser el héroe de la película, no era tan fácil ser el millonario de la película, no era tan fácil tener una familia feliz, no era tan fácil tener un yate, no era tan fácil ser un James Bond más, no era tan fácil, todo se iba reduciendo a una ilusión que nos vendieron para terminar entendiendo que debíamos más bien dar gracias a Dios, si lográbamos sobrevivir.

Dentro de nuestra sociedad, el mayor porcentaje de habitantes va de frustración en frustración, la mayor cantidad de la población no tiene posibilidad de desarrollar sus capacidades, esto hace que ese resentimiento, ese no poder vivir el mundo que queríamos, nos invite a la evasión, a la anestesia producida por alguna sustancia que consumamos, que fumemos o que nos inyectemos. Nos lleva a la fantasía, a la irrealidad, al escape.

¿Y no fue eso lo que nos enseñaron en la infancia?

Por qué no tratamos de recordar ¿qué fue lo que este sistema capitalista y sin valores humanos nos enseñaba a todos nosotros?

¿Qué veíamos en las películas, en las propagandas de publicidad, qué veíamos en la televisión?

Fuimos bombardeados hasta el cansancio, para que nos convirtiéramos en lo que somos, ¿no recuerdan a Pedro Picapiedra? un obrero que vive bajo la explotación del señor Rocaplata y que sobrevive con los míseros piedrodólares que tiene de salario, que no le alcanzaban ni para ir a jugar bolos con su pana Pablo Mármol. Desde pequeños nos domestican, nos prometen ser el héroe y terminamos siendo el antihéroe.

Y ¿qué nos enseña ese bombardeo mediático? ¿Qué valores? ¿Qué valores hay en las historietas que devorábamos a diario? Los valores de Rico Mc. Pato, acumulando dólares que le pichirriaba a su sobrino el pato

Donald y sus tres sobrinos que nunca supimos hijos de quien eran. Nos hacían soñar con ser superhéroes, con volar, con ser poderosos. Ah! Pero también nos enseñaban a que usáramos drogas, que vivir drogados era una gran experiencia, muy sutilmente, claro. ¿qué es lo que nos enseñaban cuando nos presentaban al gran Popeye, poniéndose su pipa llena de espinacas en la boca y convirtiéndose en el más fuerte del mundo después de fumársela? ¿O cuando nos identificaban con Súperman bajo los efectos devastadores de la Kriptonita verde o los efectos alucinantes de la Kriptonita roja?

El hombre actual consume drogas porque no es feliz, porque no tiene posibilidad de realizarse como ser humano, porque generalmente tiene que vivir en la miseria, en una familia disfuncional que arrastra problemas que lo agreden desde su infancia y porque se siente insatisfecho, vive frustrado, se le prometieron palacios y vive en un rancho, se le prometieron millones y se arrastra tratando de aparentar una riqueza ficticia. Por eso se droga, se escapa, por eso roba, por eso mata y por eso a veces se suicida. Porque vive en mundo enajenado de la condición humana.

Para decirlo mejor hay causas sociales y causas sicológicas que llevan al ser humano al consumo excesivo de alcohol y otras drogas.

Existimos en una sociedad de injusticias y de frustraciones, muy lejos de los valores inherentes a la condición humana, vivimos en una sociedad de consumo, donde vales lo que tienes, una sociedad donde estamos todos contra todos, sin posibilidad verdadera de realización y donde la gran mayoría termina excluida.

Claro, también en el otro extremo de la sociedad hay daños, los niñitos "bien" también consumen drogas ya no porque no tengan sino porque tienen demasiado; quiero decir que en nuestro mundo actual el consumo de drogas se produce en muchos por la carencia de recursos y posibilidades y en pocos por la abundancia de estos, que ahogados en un mar de abundancias materiales también se extravían y pierden los valores, siendo atrapados por la droga.

La droga, además, es un arma política. Nunca olvidemos la famosa guerra del opio de antaño en China, donde se "anuló" a un gran porcentaje de la población con la apertura y masificación de sitios para el consumo de esta droga. Así hoy en día también la droga es utilizada por el imperio como un arma para inutilizar y desactivar a un gran porcentaje de la población, sobre todo la más joven, e ir creando una masa inservible de seres humanos, que terminarán por ser la clase ignorante que trabajará como obreros explotados o cuya función última será la de velar por llevarle dinero, constantemente, día tras día, a los dueños del imperio de la droga.

Convirtiéndonos en adictos al miedo, a la paranoia, a la locura y a estados que no son nada agradables, que es lo peor. Aunque muchos no lo ven así, la vida diaria de un adicto o adicta en consumo activo, es un infierno, aquellos que crean que los adictos se divierten o disfrutan con su "nota" se equivocan, quien tenga a algún conocido o familiar cerca, que esté en adicción lo podrá testificar. Nadie puede ser feliz, viviendo asustado todo el día, esclavizado en ir a buscar dinero para drogarse y quedarse pegado en esa nota, deteriorándose físicamente, nadie puede sentirse feliz al verse al espejo y ver su cara esquelética, su cuerpo "chupado" y su boca sin dientes, por no enumerar sus sentimientos de soledad y de exclusión. Ese errado concepto tiene que cambiar, esas personas están sufriendo y necesitan ayuda, necesitan amor, desesperadamente, señores!

Lo primero que aprendemos en nuestra recuperación es que la adicción es una enfermedad crónica, que muchas veces puede ser terminal, es una horrible enfermedad sin cura conocida, que una vez controlada se podrá volver a manifestar en cualquiera de nosotros sino mantenemos la conciencia y somos vigilantes de nuestra recuperación. Si la enfermedad es para siempre, entonces, la protección y el apoyo deben ser para siempre.

Esto es lo más importante que quiero tratar en este libro, pero primero quiero que nos pongamos de acuerdo en una visión "global" del problema.

MODELOS SEGÚN LOS QUE SE ABORDA EL PROBLEMA DE LAS DROGAS:

Antes de empezar a desarrollar este punto, debo dar un gran agradecimiento al Dr. Alexis Ocanto, actual asesor de Salud Mental y Adicciones de la Alcaldía Mayor, quien está apoyando este proyecto y quien en talleres que nos está dictando actualmente a los miembros de La Casa del Hombre Nuevo, nos enseña estos conceptos, que tomo de él para anexarlos aquí como una herramienta para la comprensión de cómo se ha ido abordando el problema de la droga evolutivamente en nuestra sociedad. Son ideas generales que nos permiten entender mejor las posiciones de los gobiernos que han manejado este problema en las últimas décadas y que espero poder transmitirles cabalmente a partir de mis propias explicaciones.

Se presentan cinco modelos de abordaje del problema de la droga que han surgido a través de los años en la historia de la sociedad y que son aceptados en general por todas las instituciones:

1.- Modelo ETICO-JURÍDICO.

En este primer modelo de abordaje al problema de tráfico y consumo de estupefacientes se entiende solamente desde el punto de vista legal; es decir, dentro del marco previsto en las leyes de cada país. En este modelo todas las respuestas de las instituciones parten de infringir castigos contemplados en las legislaciones a los infractores de éstas, vale decir que todo esfuerzo sobre el problema de las drogas se enmarca en hacer cumplir las leyes, si traficas o consumes sustancias prohibidas por la ley, estás fuera de ella y debes ser remitido a los órganos pertinentes, es decir, a los tribunales correspondientes donde puedes ser sentenciado a pagar las condenas de privación de libertad en la prisión que esta ley establece.

2.- Modelo MEDICO-SANITARIO:

En este siguiente modelo se incluye una nueva visión acerca del problema, se parte de que el tráfico y el consumo de drogas tiene un efecto dañino sobre el organismo humano. Esto hace que se implementen entonces nuevas políticas de salud que incluyen tratamiento médico, esencialmente creando centros de desintoxicación a donde son remitidos los consumidores, en vez de ser enviados a prisión. Este concepto asume que si el consumidor es un enfermo, debe estar en donde están los enfermos: en los hospitales.

3.- Modelo PSICO-SOCIAL:

Luego se amplía más el anterior modelo, que se queda sólo en lo clínico y se añade el concepto de los efectos de las drogas en el consumidor a niveles: conductual, emotivo y de pensamiento. Aquí aparecen entonces involucrados los servicios de psicología y psiquiatría en la atención al fármaco dependiente. Se amplía la asistencia a tratamiento ahora ambulatorio luego del período de internación para lograr la desintoxicación, para tratar de corregir los efectos nocivos causados por el consumo en la personalidad y la conducta de los adictos.

4.- Modelo SOCIO-CULTURAL:

Este nuevo modelo pretende señalar que el tráfico y el consumo se generan por un aprendizaje social, quiere decir: la droga ya existe en la sociedad y el individuo en determinadas circunstancias de su desarrollo personal, se acerca a ellas y termina asumiendo esa "cultura".

5.- Modelo GEO-POLITICO ESTRUCTURAL:

Este último modelo, aparentemente creado por profesionales venezolanos, hace un mejor planteamiento pues abarca toda la problemática desde la visión de que la droga es una mercancía de gran demanda a nivel mundial y que los adictos son esencialmente los consumidores de este fenómeno del mercado.

Creo entender que este modelo se aproxima a las dimensiones reales de lo que significa el problema de la droga a nivel global. Por lo menos lo reconoce como un problema mundial.

Hasta aquí los modelos de abordajes que se me enseñaron, son en general una evolución en el tiempo, en la medida que la ciencia ha avanzado y que el problema ha ido creciendo, de las respuestas dadas por las instituciones del Estado.

Considero que es una excelente sinopsis de cómo ha ido evolucionando la percepción del problema de la droga en el mundo. Pero a mi, particularmente, me dejan insatisfecho y preocupado estos modelos y a pesar de no ser yo ninguna autoridad reconocida o diplomada en esta materia, asumiendo mi derecho a la "legítima defensa" ya que se trata de una enfermedad que sufro, les voy a expresar mis opiniones acerca de estos modelos o visiones. Lo hago tan solo como proposiciones para revisar un poco más a fondo, o tratar de comprender de una manera "global" de donde han salido estas posturas y qué puede haber detrás de ellas, son solo aportes para crear una nueva discusión sobre esta problemática donde eso sí, creo que la opinión de quienes "conocemos el monstruo por dentro", ya no sean solo testimonios de simples "enfermos" sino los de seres humanos que sufren las consecuencias de todas estas situaciones y a quienes nadie, en pleno siglo 21, le pueden descalificar su derecho a emitir una opinión, más cuando nadie ha demostrado una capacidad real de poder solucionar la problemática.

Con el mismo derecho del hambriento a luchar por su alimento, con el mismo derecho del desprotegido a tener vivienda, con el mismo derecho de los ignorantes y excluidos a pedir educación y el de los enfermos a exigir salud, con ese mismo derecho.

Para hacer una analogía histórica, se me ocurre traer al tapete los cambios en las relaciones económicas de la sociedad en el curso de la historia. Sus verdaderos orígenes.

Siempre he escuchado que el paso del esclavismo al feudalismo y de éste al capitalismo son "victorias de la clase trabajadora". Discúlpenme de nuevo que me remita al marxismo, pues no es mi idea convertirme en este libro en un adoctrinador, sino que es la única forma de entender las cosas que pasan en nuestra sociedad y sólo lo uso para que juntos entendamos mejor o se entienda mejor mi manera de ver las cosas; sin perder, por supuesto el objeto de mis escritos, que es el de lograr una posibilidad de respuesta al problema que vivimos, que aporte verdadera recuperación y mejoras a nuestra calidad de vida.

Bueno, allá voy: esas supuestas victorias ¿Quién las provocó o mejor dicho a quién favoreció? Veamos, en el esclavismo, el esclavista era responsable de la vida y de la salud de sus esclavos, de su alimentación, de su vivienda, etc., el esclavista tenía que cuidar su instrumento de trabajo (sus esclavos), tenía que ser responsable de todos sus esclavos, que lo hiciera mal o de mala gana, está bien, pero lo tenía que hacer, era una responsabilidad que ya se le hacía innecesaria, ahora cuando aparece el feudalismo ¿qué es lo que pasa?, ese mismo señor esclavista convertido ahora en "señor feudal", le asigna una pequeña parte de sus tierras a sus esclavos donde ellos se harán responsables de si mismos, una mal llamada "libertad", ya no son su propiedad, dejan de ser su responsabilidad, ellos ahora tienen su casa, seguirán trabajando para el mismo amo, pero éste, hábilmente y en nombre de la "libertad" ya no tiene nada que ver cuando "sus siervos" se enferman, cuando sus mujeres van a parir, si tienen o no comida, no, ahora él ya les dio "libertad, casa y trabajo".

Mentira!, estos esclavos, supuestamente libres, siguen siendo explotados; el "señor feudal" les da un mísero jornal en especies, (probablemente una pírrica porción de la producción de las tierras) que los deja peor de cómo estaban y ya, además, no tienen ningún derecho a reclamar. Nos queda claro, entonces, que quien más gana en todos estos cambios, quien sale más favorecido, es el esclavista.

Luego, cuando se pasa al "capitalismo", pasa algo similar. El "señor feudal" se convierte ahora en "patrón" y ni siquiera acepta tener la obligación de darles trabajo, les "vende" el pedazo de tierra que les había cedido, les asigna un salario, con el que tendrán que comprarle a él mismo, sus alimentos, sus ropas y sus medicinas. Ahora contrata a quien quiere y es problema de cada uno solucionar su subsistencia.

Entonces, ¿Qué piensas? Todos estos cambios tan importantes en el desarrollo de las relaciones de trabajo en nuestra sociedad ¿fueron logros de la clase trabajadora o manipulaciones de la clase opresora?

Veo, que en la secuencia que se nos enseña sobre los modelos de abordaje al problema de la droga, la evolución de los conceptos va de la mano con el desarrollo social y nunca deja de estar ligado al contexto socio-.económico. Así cuando el patrón jurídico-legal, no pudo con el problema y dice: no, esto no es conmigo, esto deben manejarlo los médicos en los hospitales; estos, a su vez, asumen la tarea y cuando ven que no pueden resolverla satisfactoriamente, vuelve a pasar lo mismo, dicen no, este problema es más bien de los psiquiatras y los psicólogos y estos cuando colapsan, dicen también que el problema es más grande y que quien debe asumir la responsabilidad de darle solución, es el Estado.

La única conclusión que saco de esta secuencia es que nadie, en todos estas instancias, fue capaz de entender que lo que estaba pasando, era que un gran negocio crecía y seguía creciendo, sin que ninguno de ellos lo denunciara o lo detuviera, hasta hoy, que ya es una de las más grandes transnacionales, el imperio de la droga. Como siempre, el valor supremo, el de la ganancia, se abrió paso, a través de todo el camino. ¿Qué viene ahora? Creo que la mesa está servida, para que estos mismos señores, nos digan ahora que como el problema es tan grande sólo hay una solución: legalizarlo.

Bueno, así pasan muchas veces las cosas en nuestra historia. Pero es necesario aprender a ser críticos y a interpretar, porque si seguimos la cadena, no sonará nada extraño que un sexto modelo plantee que, como el problema es geopolíticamente tan grande, será mejor que se legalice el uso de las drogas y por supuesto se estará legalizando el imperio de la destrucción. Es aquí a donde quería llegar. El nuevo modelo de vida del hombre, planteado para salvarnos de la destrucción del planeta mismo, el socialismo, tiene que fijar una posición tajantemente radical que impida este camino hacia el abismo.

LOS TRES MÁS RENTABLES NEGOCIOS DEL MUNDO:

¿Cuáles son los tres más grandes negocios del mundo?, esto no es muy difícil que lo podamos responder: **LA GUERRA, LA DROGA Y EL PETRÓLEO**.

Estas tres industrias están relacionadas. Yo no sé de cifras exactas, pero en lo que respecta a drogas dicen que en el tráfico de estupefacientes hacia los Estados Unidos del norte de América, se mueven aproximadamente 50.000 millones de dólares al año, suma que excede bastante a las reservas internacionales de Venezuela o cualquier otro país del continente. ¿A dónde van esa sumas millonarias?: al sistema financiero internacional por supuesto ¿pero a las cuentas de quién?, ese es un secreto muy bien guardado. Pero si se pudiera descubrir, estoy seguro de que encontraríamos los nombres de muchos que se regodean en los medios de comunicación como los más acérrimos combatientes de la droga.

Vamos a sacar cuentas otra vez, ¿ustedes creen que un imperio tan poderoso en tecnología, en armas, que puede ver con satélites desde el cosmos la misma casa donde yo estoy escribiendo, de verdad ustedes creen que no puede controlar el tráfico de drogas? Ah! No pueden, le echan ese muerto a los países productores y peor que esto, a los países "de tránsito" como el nuestro. El imperio se convierte de nuevo en el juez supremo del mundo y es él quien "certifica" que países son buenos y cuales no en la lucha contra las drogas. Señores! Estados Unidos es el país con más consumidores de drogas en el mundo, ellos son los peores en esta calificación; vamos a ver, ojalá alguno de estos técnicos en mercadotecnia nos ayudaran para poder tener en gráficas los siguientes cuadros, pero, mientras tanto, vamos a hacer el ejercicio con nuestra imaginación, imaginémonos cuantos miles de kilos de drogas son cincuenta mil millones de dólares, ¿una vainita, no?; imaginémonos el espacio que ocupan en metros cúbicos, en conteiner, en donde lo quieras poner, ahora divide esa enormidad entre 365 días del año, cada parte no dejara de ser abismalmente grande ¿verdad?, y entonces preguntémonos: **¿SERÁ VERDAD QUE ESTE IMPERIO NO SABE COMO NI POR DONDE ENTRAN ESTAS SOPOTOCIENTAS TONELADAS A SU PAÍS?**

¿No será más bien que al imperio no le interesa que se acabe este negocio, porque está ganando muchos millones, como tampoco le puede interesar al sistema financiero que dejen de llegar a sus bóvedas esos 50.000 millones de dólares? como tampoco le interesa que se acaben las guerras, porque mientras haya que vender y comprar armas el imperio gana, igual pasa con la droga, muchos de esos millones de dólares que asignan los gobiernos para la lucha contra el narcotráfico seguramente terminan depositados en cuentas bancarias de particulares. Por supuesto que si el imperio tomara la decisión de acabar definitivamente con la resistencia en Irán, cuenta con el poder bélico para lograrlo en un breve tiempo, pero ¿Cómo justificaría ante el congreso americano todas las partidas de millones de dólares para comprar armas o transportar más soldados?

Igualmente podría detener el ingreso de ese tonelaje de drogas a su territorio, pero estaría cerrando un negocio demasiado jugoso. La guerra, la droga y el petróleo son los negocios más rentables del capitalismo y éste antes que combatirlo, los defiende.

Recomiendo a todos que lean un libro de George Orwell, que se llama 1.984, y que es una novela de socio-ficción, diría yo, que se aproxima demasiado a lo que vivimos hoy día, donde un poder imperial, apoyado por grandes medios de comunicación, en un mundo dividido ya no en países sino en continentes, inventa guerras en las que cree todo el mundo y que realmente ni siquiera existen, la realidad "mediática" creada en enormes laboratorios es el medio de dominación de aquellos imperios. Algo similar es lo que podemos apreciar en nuestro tiempo, aquí el Estado más terrorista se presenta como el defensor de la libertad y bajo esa bandera invade, masacra y destruye al hombre y además sale a atacar a los terroristas, etiquetando de esto a cuantos se le puedan oponer, pero lo peor es que un porcentaje importante de la población es hipnotizada y dominada por estos manejos mediáticos; de igual forma, planteo yo, que el imperio es el magnate del cartel de la droga, se presenta como el héroe que lucha contra ella, sin que nos demos cuenta, de que aquellas persecuciones y asesinatos como el caso de Pablo Escobar Gaviria y las extradiciones a cárceles americanas, no eran ninguna lucha contra la droga, sino probablemente la lucha para obtener el control del cartel mundial de la droga. Somos engañados descaradamente y mantenidos en la ignorancia para poder seguir siendo engañados y esto es lo único que puede resultar de la sociedad capitalista, porque en ella lo que prevalece es la avaricia y la búsqueda desmedida de ganancia, pisoteando sin ningún tipo de escrúpulos la dignidad de los pueblos.

Por todo esto, me atrevería a replantear el modelo de abordaje al problema de la droga, yo quisiera ver si es posible orientar más bien el modelo a algo más exacto de lo que pasa, enfocarlo como un problema **SOCIOECONÓMICO PSICO-CULTURAL GLOBAL** de la **SOCIEDAD CAPITALISTA**, que no se va a acabar hasta que no se transforme esta sociedad. La solución más idónea es cambiar hacia una sociedad socialista que impida la presencia del negocio de la droga y de la guerra. Será un cambo lento, pero el único capaz de darle una solución global.

Ver el problema de la droga desde este nuevo modelo aquí propuesto, nos permitirá ver al traficante callejero y al consumidor del mismo lado, ambos son víctimas del gran negocio, ¿o no vamos a ver como víctimas a las personas, que por perseguir una ganancia desmedida, se tragan treinta o más dediles contentivos de drogas para pasarla de una frontera a otra?, ¿no son enfermos ellos también? ¿No son adictos a la "droga madre", el dinero? Como lo son los jíbaros de igual manera.

Esto permitirá, que aunque nos propongamos soluciones muy puntuales, como es el caso que se propondrá en este libro, nunca se podrá tener una óptica adecuada si se pierde esta visión del problema en su globalidad.

Toda esta tarea que hemos desarrollado hasta aquí nos da a entender que el problema de las drogas no se va a solucionar de manera tajante sino con el cambio de la sociedad, que este viraje de la humanidad hacia un modelo socialista será lento, que el problema subsistirá y que dentro de esos parámetros debemos crear estrategias de acción. ¿Qué hacer, es la pregunta?

Yo diría que se están haciendo cosas sumamente importantes en Venezuela contra el daño causado por la droga y a lo mejor son pocos quienes lo pueden ver. Yo pienso que soluciones a mediato plazo de tiempo, se están haciendo, creo firmemente, que los esfuerzos de la revolución Bolivariana por ofrecer posibilidades de estudios a la población de bajos recursos, hasta niveles universitarios, evitará que muchos jóvenes caigan en las drogas en su futuro, como ha pasado hasta hoy en nuestras barriadas. La falta de futuro, de posibilidades de desarrollo personal ha ocasionado que muchos terminen frustrados, derrotados y desesperados y que lleguen a la vida delincuencial y al consumo de distintos tipos de drogas.

Este panorama tiene que cambiar toda vez que el nuevo gobierno revolucionario está brindando reales posibilidades de inserción social, que deben cuidarse que sean asumidas por todos los jóvenes. Así también cuando se le dan cada vez más viviendas dignas a la población, cuando se enseña a leer a todos, cuando a todos se le brinda atención de salud; en resumidas cuentas, cuando se va creando una sociedad socialista se va dando a la vez, una solución importante al problema de la droga, pero esta solución será a mediano plazo, nos queda trabajar el inmediato plazo, atender a las personas que están sufriendo actualmente. Ya se está haciendo un trabajo preventivo al mejorar la vida de los colectivos, falta también una estrategia final, una vez que se logre unificar una política de Estado que reimpulse la maquinaria que existe y se pongan todas en marcha para atender a toda la población y cuando los resultados a mediano plazo empiecen a verse, estará llegando el momento en que estemos preparados para dar un golpe final, no sólo nacional, sino a nivel de Latinoamérica al flagelo de la droga. Esto debería empezar a planificarse desde ahora.

Ya se está enmarcando a nivel latinoamericano, cuando se firma el convenio con Cuba, el enfoque de la lucha internacional contra este mal, el Convenio Cuba Venezuela es el principio, esto deberá proyectarse a los otros países que se han integrado al camino bolivariano a través del ALBA así como deberá integrarse nuestra propuesta.

Regresemos ahora, de ésta visión global que hemos desarrollado a hablar ya menos de política y a enfocarnos en cosas más puntuales, pero que quede claro que ya partimos de una base general que nos abrirá los ojos para entender mejor las cosas pequeñas:

EL PROBLEMA DEL TRÁFICO Y EL CONSUMO DE DROGAS EN EL MUNDO, ES UN PROBLEMA PRODUCTO DE LA SOCIEDAD DE CONSUMO, CREADO POR EL CAPITALISMO, PUES ES UN GRAN NEGOCIO, QUE FUNCIONA SIN IMPORTARLE EL DAÑO SOCIAL Y PSICOLÓGICO QUE ESTÁ PRODUCIENDO.

La gran solución a este problema será lenta y debemos hacerla entre todos tomados de la mano y en el diario vivir de cada uno de nosotros, dedicándonos a denunciar y combatir el tráfico de drogas y creando o fortaleciendo nuevas estructuras para apoyar a quienes son víctimas de la adicción y apoyarlos en sus caminos de desintoxicación y reinserción a la sociedad. Todos los programas de prevención posibles deberían ponerse en práctica y el apoyo financiero del Estado a esta problemática, no deberá ser nunca la razón para que éste deje de avanzar.

UNA VISIÓN DE LO QUE PASA EN VENEZUELA.

Todas las reflexiones y análisis anteriores, donde traté de crear un concepto "global" sobre el problema de la droga, serán útiles en la medida en que nos permita ir dando forma a una estrategia de trabajo en nuestro propio suelo, en nuestro país.

¿Qué instituciones, qué conceptos manejan el problema de la droga en nuestro país?

Hay que sacar todo el entusiasmo de nuestros corazones para no desfallecer al darnos cuenta de la situación en que nos encontramos para enfrentarnos al problema de las drogas. He conocido excelentes profesionales a lo largo de estos años, los he visto trabajar con una mística muy hermosa y también hemos compartido, con pena y tristeza, las deficiencias y limitaciones que en Venezuela impiden avanzar en esta lucha.

En Venezuela no hay una estructura definida, sólida. No hay un concepto donde aglutinar la cantidad de organismos que trabajan con gran esfuerzo para aliviar la carga. Yo sé que lo que digo es duro. Por lo que respecta a los adictos, todos nosotros sabemos muy bien, las fallas y deficiencias que hay en los tratamientos, cuando podemos tener acceso a los que se brindan de forma gratuita y también a las condiciones de hacinamiento y al irrespeto a las que se somete a los adictos tanto en los centros gratuitos, como en los pagos.

Por lo que respecta a los doctores, igualmente, han compartido conmigo esa triste verdad. Yo quisiera, a todos aquellos que trabajan en adicciones y lo hacen de corazón, hacerles llegar mi gran agradecimiento, porque son ellos quienes poco a poco me han ido formando y haciéndome tomar conciencia de nuestra realidad. Cada vez que teníamos oportunidad de hablar sobre mi proyecto y cuando yo empezada a decirles cosas que me sorprendían, como que en una gran cantidad de centros de desintoxicación que funcionan en Venezuela, el narcotráfico entra, con el pasaporte de la avaricia y de la ganancia, a través de vigilantes, enfermeros o choferes, a través de cualquiera de su personal y todos aquellos que están tratando de dejar la esclavitud de las drogas, siguen en consumo. Cuando les planteaba esta realidad, al mirar sus ojos comprendía que no les estaba diciendo nada nuevo, en su triste mirada de aceptación empecé a compartir con ellos la tristeza de aceptar el pésimo y deplorable funcionamiento de las instituciones de salud mental, donde se tratan las adicciones.

Creo que el tomar conciencia de esta realidad, que el saber que los profesionales también sufren al saber de estas situaciones, me hizo sentir más comprometido con esta lucha. Creo que allí asumí el derecho a iniciar esta lucha en mi nombre y en el de todos los compañeros que me acompañan. Por eso quiero ser muy claro en este tema.

Quizá en otro momento hubiera tenido una actitud más rebelde y contestataria, me hubiera enfrentado y reclamado, porque quienes al final sufren, quienes al final están desasistidos, somos nosotros. Pero al paso del tiempo en este camino de lucha, aquella división entre enfermos y terapeutas, se estrechaba. Si alguien ha mantenido vivas las esperanzas de recuperación de muchos de nosotros, en este país, son los médicos. Los de vocación, los que terminan apasionadamente comprometidos con nosotros. Terminamos siendo, en lo que respecta a este reclamo de inasistencia, tanto de verdaderos centros, como de espacios y recursos suficientes para proseguir una marcha verdaderamente de victorias en este camino, soldados de la misma guerra. Entonces al referir aquí mis críticas a la situación actual que vivimos, quiero hacerlas en nombre tanto de los adictos que sufren como de los doctores que sufren con ellos en esta lucha.

Lo que tenemos no sirve, no hay un concepto innovador que sea el centro de gravedad para hacer una ofensiva con un concepto claro. Hay restos de las instituciones que se fueron creando en cada gobierno, en base a las políticas que cada gobernante pretendía imponer, se crearon centros que eran después subvencionados con mínimos presupuestos y se impulsaban nuevas instituciones que después igualmente eran abandonadas y cambiadas por otras del gobierno siguiente. Un mal heredado de la supuesta democracia en la que cada 4 o 5 años al cambiar de gobierno, cada nuevo gobernante quería hacer de nuevo todo a su antojo.

Esto lo que nos ha dejado es un gran abanico de instituciones y fundaciones desarticuladas de una política central. Aun hoy por hoy, no hay una política central, el gobierno todavía no ha tomado conciencia de esta realidad, porque tampoco es fácil tomarla, pero creo que estamos empezando y que muy pronto se consolidara una visión socialista para este problema, que nos permita preparar nuevas estrategias. El hecho de la existencia del Convenio Cuba Venezuela es como el canto de un gallo rojo que anuncia la alborada.

Lo que tenemos no sirve, pero es lo que tenemos.

Si en algún momento, por lo rebelde que suelo ser pensé en atacar o denunciar tantas cosas que sé que pasan, un gran sentido de humanidad me ha llevado a cambiar mi posición. Lo que tenemos es malo, pero es lo que tenemos y debemos seguir trabajando con eso. Esto se me hace realidad porque en este camino de lucha en el problema de las drogas, cada vez más se me acercan personas con situaciones graves de consumo que quieren recuperarse, u otros que tienen un familiar y vienen a pedirme ayuda, es allí con el corazón hecho una pasa, que empiezo a llamar a todos estos profesionales para pedir su ayuda y con ellos he tenido que compartir el dolor de no poder ofrecer soluciones.

Hablar en este libro de lo malo que hay hoy en día, me parece inútil. Denunciar a los mercaderes de la salud que estafan a adictos y familiares tampoco, estos traficantes de la salud, estos estafadores caerán por su propio peso, una vez que empiece a avanzar esta nueva manera de afrontar la problemática.

Aquí quiero apoyarme en el Comandante Fidel Castro y su concepto de la revolución de las ideas. Toda esta mediocridad se vencerá sólo creando ideas nuevas, haciendo un ejercicio de análisis de campo, convocando a todos los que de alma y corazón están comprometidos en ayudar a buscar soluciones, a todos los que sufren, a reunirnos bajo un nuevo concepto, desde donde se pueda planificar una estrategia coherente a la cual pidamos que se sumen y se adapten todas las instituciones existentes.

Más que críticas hacen falta proposiciones, por ello quiero realizar mis reflexiones desde el punto de vista que nos es importante para nosotros.

Han quedado distintas formas de "tratar" a los adictos en el desarrollo de la lucha contra las drogas, cada una ligada al momento político en que nacieron o a las últimas tendencias que se "deciden" en congresos internacionales de los grandes eruditos y doctores, mal que bien con eso es con lo que nos mantenemos. Mi análisis va a ser breve pues esto es dominio casi general de todos y a la vez todos sabemos lo deplorable de los resultados.

En términos generales, los tratamientos que se brindan a los enfermos de adicción al alcohol y a las drogas son punitivos o dopativos. Esto se traduce en que "el paciente" es "aislado" en un centro de rehabilitación y sometido a un proceso de desintoxicación en base a la ingesta de medicamentos o en otros a trabajos exagerados durante la mayor parte del tiempo en que está recluido. Hay toda una variedad, se mezclan las dos formas y en algunos de ellos se permite la orientación siquiátrica y en otros la inducción a la fe religiosa.

Aun así, mal que bien, en algunas personas éstas funcionan y comparto un criterio que decía un terapeuta en Cuba, con que se salve uno solo, entre todos, ya es una victoria.

No voy a enfrascarme en criticar estos centros, sólo diré que son sumamente diferentes a los centros de Cuba. Creo que los Centros de rehabilitación de Cuba trabajan de una forma muy distinta y dan resultados distintos, en ellos lo fundamental, el trabajo fundamental es la creación de **"conciencia de enfermedad"** en cada uno de nosotros. No es con pastillas que se buscan soluciones, estas son utilizadas para calmar estados de ansias o estados depresivos momentáneos, pero los pacientes se mantienen generalmente consientes y en su estado natural, para ir recibiendo su tratamiento.

UNA RECUPERACION "CINCO ESTRELLAS"

He escuchado esta frase como crítica a los tratamientos dados en Cuba y aquí pienso usarla para defenderla y proponerla como modelo bandera para la nueva política en las adicciones que asuma nuestro país.

¿Por qué la llaman "5 estrellas"?

En Cuba hay cuatro clínicas para adicciones que trabajan con el Convenio Cuba Venezuela, dos en Santiago de Cuba: Villa El Colibrí y Punta Ventura y dos en Holguín: El Quinqué y Villa El Cocal, en esta última realicé mi tratamiento hace dos años y hace poco realicé mi primer reciclaje, es para mí la casa donde volví a nacer y su directora la Dra. Rosabel Soler, junto a la Dra. Alicia, Jorge y Pastor son las personas hacia quienes tendré más gratitud en mi vida.

Estas clínicas fueron creadas por el gobierno cubano durante el "período especial", entendamos por este período aquellos años en que al desaparecer la Unión Soviética y el apoyo que esta brindara financieramente a Cuba, la economía de esta isla tuvo que crear muchas ideas para mantenerse y superar esta crisis.

Su concepto fue desde su inicio una clínica internacional, para adictos y alcohólicos que ofreciera un tratamiento novedoso y efectivo. La ubicación de estas es fundamental para este concepto, se ubicaron en las instalaciones de antiguos hoteles 5 estrellas. De allí quizá la crítica, pero más porque en nuestro país no se entiende todavía lo importante de la valoración del mismo paciente como ser humano y la incidencia que puede tener en su recuperación el restituirle desde el primer día de tratamiento, su condición humana; a diferencia de muchos otros centros donde son tratados con desprecio y mala gana. Si hay algo que recuerdo de mi primer día en El Cocal, es el cariño recibido tanto por todas las personas que allí laboran como por los muchachos que estaban en tratamiento cuando yo ingresé.

Estos Centros de Rehabilitación comenzaron a atender a pacientes de Colombia, Chile, Canadá, Angola y países de América Central. Fueron diseñados según normas internacionales que deben existir para este tipo de centros. Su forma de trabajo ha ido cambiando en base a sus experiencia, pero la metodología fundamental es la creación de conciencia de si, de su problema, en los adictos, que conozcan los síntomas, los por qué y que sepan el que hacer. En esencia, se nos enseña que no somos culpables de nuestra enfermedad pero sí que debemos en lo adelante ser responsables de nuestra recuperación.

En estos hermosos centros se rompen esquemas que funcionan en otros. No hay hacinamiento, solo uno o dos pacientes por habitación, estas son atendidas como si se estuviera en un hotel, ciertamente, se nos cambian las camas y las toallas, disfrutamos de servicios de lavandería y el servicio de restaurant "a la carta" funciona diariamente, no sólo eso, sino que además, podemos disfrutar a toda hora de una hermosa piscina, de canchas deportivas de football y bolley ball, pool ping pong, biblioteca, etc. Podemos desplazarnos sin ser "vigilados" por toda la clínica que calculo debe tener un promedio de diez a quince mil metros de terreno.

Basta que haya escrito este párrafo anterior para que seguramente empiecen las críticas. Empezaré, pues, también su defensa.

Una condición que exigen las clínicas es que la persona que va a recibir tratamiento, ingrese voluntariamente, sin presiones. A la vez se le garantiza a uno, en la primera entrevista, que uno puede retirarse a su voluntad.

Aclaro esto en el párrafo anterior, para responder a todos aquellos que estarán criticando que se nos ofrezca tan buen trato .Quiero pedirles que dejen atrás ese preconcepto que hace tanto daño de estigmatizar al adicto y de presuponer que debe ser tratado con rigor, por no decir "castigado". Con rigor hemos sido tratados no sólo por la sociedad que no brinda su verdadera comprensión sino que execra y excluye a quienes sufren esta enfermedad, sino también por la misma enfermedad.

Quien toma la decisión de hospitalizarse para recibir un tratamiento, es una persona que "ha tocado fondo", esto debe traducirse como una persona que trae daños severos tanto físicos como sicológicos y espirituales, esto quiere decir una persona que está implorando ayuda porque se siente al borde de la muerte o de la locura.

A todos los que critiquen este tratamiento como "5 estrellas", aduciendo que eso es dañino para un buen tratamiento, les pido que revisen su conciencia, que revisen su humanidad.

No hubo nada que fuera más cálido para mí, cuando ingresé, nada que me invitara más a regresar a la vida, que ser tratado como un ser humano que merecía de nuevo disfrutar de la vida.

Uno llega sin ningún tipo de autoestima, desde una soledad autodestructiva, flaco, cadavérico, con síntomas de abstinencia fuerte y es recibido por una instalación amable y por personas, terapeutas y pacientes que te reciben con más cariño del que juras merecer.

Todo centro que desee una verdadera recuperación debe restituir al paciente, en términos inmediatos, su valor por la vida. Yo ingresé pesando 47 kilos, a veces veo una foto mía de aquellos días y me brotan las lágrimas.

Hoy conozco muy bien qué es una adicción. La adicción es una terrible enfermedad donde uno es su principal cómplice. La adicción afecta tu consciente, tu inconsciente y tu subconsciente, y cuando empiezas a tratar de ejercer un control sobre ella, ella responde, se esconde en mil refugios de tu ser, reaparece disfrazada, imperceptible a veces, para mantenerse al mando de tu voluntad y hacerte recaer en la primera oportunidad.

Por eso, este recibimiento cinco estrellas resulta como un aviso del regreso del amor propio, como aviso de que volveremos a ser quien éramos antes de caer en este abismo o de ser lo que no se nos permitió ser nunca, como una esperanza de que al fin te van a valorar de nuevo y van a dejar de maltratarte.

Es el mejor comienzo para un tratamiento.

Cuando en Venezuela, el Comandante Hugo Chávez toma el poder, muy pronto es llamado por el más Comandante Fidel Castro y éste le ofrece poner estos centros al servicio de los problemas de adicción de la población venezolana. Eso fue hace ocho años, aproximadamente. En este tiempo algo más que 2.000 pacientes han pasado por estas clínicas. En ellas han tomado conciencia de su enfermedad.

El funcionamiento terapéutico es de terapias circulares, no tienen fecha de inicio ni de fin, las terapias se van dando secuencialmente y cualquier paciente con el transcurrir de su permanencia en la clínica las va aprendiendo todas, esto permite la entrada y salida de pacientes en cualquier orden sin alterar los resultados. Cada mañana se realiza un matutino, después del desayuno, donde cada uno de los miembros del grupo da su testimonio del día anterior y se aclaran todos los problemas que hayan surgido en la comunidad. Después se realiza una hora de actividad deportiva y luego se recibe una terapia grupal por parte de alguno de los doctores y en la tarde se reciben terapias individuales.

Hay mucho tiempo libre, pero ese tiempo es necesario, pues se está invitando al paciente a reflexionar sobre su situación, a comunicarse con sus compañeros, a revisarse y este es un proceso que no es fácil. A aprender a vivir su día a día sin drogarse.

En estos centros, los terapeutas, no pueden politizar nada en su trabajo, no pueden hablar en pro ni en contra de nada político, por si alguien ya puede inventar supuestos lavados cerebrales, a mí me consta de muchos compañeros que no están con el proceso pero que sé que guardaran un agradecimiento eterno al presidente Chávez por poder haber recibido estos tratamientos.

El tiempo que se permanece en ellos es aproximadamente 97 días, compartiendo una terapia familiar con quien nos acompaña al ingresar y luego cuando vamos a salir.

Las fases que contiene este tratamiento son en términos generales las siguientes:

DESINTOXICACION
CONCIENCIA DE ENFERMEDAD
MANEJO DE CONDUCTAS ADICTIVAS
MANEJO DE LA AMBIVALENCIA
CONTROL SOBRE LAS ANSIAS DE CONSUMO
CONOCIMIENTO PERSONAL
MANEJO DE HERRAMIENTAS
REEDUCACION DE VALORES
RECONOCIMIENTO DE RIESGOS
PLAN DE VIDA Y REINSERCIÓN.

La comunidad tiene un autogobierno, que se reúne semanalmente y se hace un resumen de las actividades realizadas y un análisis de la conducta de la comunidad.

Los fines de semana, se hace una salida a la playa y cada dos o tres semanas se realizan viajes a pueblos cercanos u hoteles donde se pasan dos o tres días.

Esto es una explicación general de su funcionamiento, pero nada mejor que experiencias vivénciales, creo que el amor que se genera hacia la clínica, hacia sus terapeutas, hacia los cubanos; son reflejo de la calidad de este tratamiento, para mí en lo particular El Cocal fue como un vientre donde volví a ser concebido, un lugar demasiado mágico.

Quisiera copiarles aquí, algo que escribí, sentado en las escaleras de mi habitación, una madrugada, creo que con eso ilustraré y podremos terminar la descripción de estos tratamientos:

“Creo en una gran fuerza que llamo vida, porque siento que cuando las cosas que hago van en armonía y en el mismo sentido de la vida, ella hace que sientas su respuesta, ves germinar tu misma comprensión de las cosas en los seres que te acompañan y hasta con los que discrepas.”

“Los frutos de asumir la conducción de mi vida han sido muchos y maravillosos...”

“Los invito pues a tirar de sus hilos y recuperar su ser al ritmo de la vida, luego tender las manos a lo desconocido, alzar los brazos al cielo y hacer con ellos dos alas que remonten el vuelo.”

“Qué gran invitación a ser humilde, pues mi sueño retumba y hace eco, porque ya no es sólo mío, es un sueño de transformación, es que yo estoy encarnando el sueño de la misma vida.”

“Y comprendo que sabré cuidarme y que deberé ser ejemplar, que libraré muchas batallas, que quizá habrán derrotas y momentos de desánimo, pero entiendo que fui entrenado para regresar y volver a luchar después de una derrota y alcanzar la victoria.”

“Comprendo que esta llama que arde dentro de mí, no me pertenece, es un clamor que se contagia y comienza a arder en otros corazones.”

“No debo sucumbir en la idolatría por mí mismo, porque sería perder el camino, no puedo sucumbir en la grandiosidad porque me quedaría solo, no puedo sucumbir a la prepotencia porque ya nadie me escucharía, entonces, debo asumir con humildad, este compromiso.”

“Hoy comprendo que cuando las cosas se hacen con conciencia y con amor hacen que cambie el mundo; que es así como se ha hecho la historia del hombre, cuando los que estamos vivos asumimos el reto de tirar nuestros hilos y de tender nuestras manos a lo desconocido y levantar nuestros brazos al cielo para volar nuestro sueño.”

“Ya no necesitamos aprobaciones sino sonrisas, confianza, la fe de quienes nos quieren ver conquistar la felicidad para nosotros y para aquellos que la claman desde el dolor y el sufrimiento. Necesitamos una voz, un consejo, cuando sea necesario.”

“Necesitamos el cariño de todos, necesitamos no olvidarnos nuevamente de la vida.”

Fueron mis sentimientos que escribí para leérselo a mi doctora al dia siguiente.

El tratamiento concientizador genera la capacidad para que uno mismo maneje su proceso, nos permite comprender lo que nos pasa y evaluar el desarrollo de nuestra recuperación.

Al darnos esta capacidad se rompe el esquema de tratamientos vigilados desde afuera, se nos da a nosotros la responsabilidad y las herramientas para actuar nosotros mismos, para reconocer lo que nos pasa y para pedir ayuda cuando lo sintamos necesario o apoyarnos con nuestro grupo.

La posibilidad de un camino de recuperación permanente se asoma en nosotros, pero el camino no es fácil, si lo fuese ya habrían dado con una solución tantas personas que lo han estudiado, a pesar de que hemos descrito el tratamiento concientizador, como el más adecuado, ni siquiera éste es garantía de una recuperación, todavía siguen faltando piezas en el rompecabezas que estamos armando.

Creo que la mayoría de los profesionales de psiquiatría, psicología y trabajo social, están de acuerdo en que este tipo de tratamiento es el más adecuado y el que brinda una mejor defensa ante la enfermedad.

El hecho de que casi no existan estos tratamientos en nuestro país, pues sólo los hay a nivel de profesionales aislados o ambulatorios, tiene una razón de ser. La mayor cantidad de centros para tratamiento de adicciones en Venezuela, no han sido abiertos por el Estado con base a una política de salud clara y determinada, han surgido ante la carencia de apoyo del Estado casi todos creados por Fundaciones, unas sociales, otras religiosas. No hay una supervisión efectiva ni siquiera para que no entren drogas a estos centros, menos la hay sobre la forma de tratar a los adictos, así encontramos casas enrejadas donde se cobran grandes sumas mensuales por el tratamiento y donde los adictos tienen que limpiar el piso, preparar la comida, lavar la ropa, es decir, hacer todos los oficios y allí residen hasta 25 o 30 en cada habitación, bajo amenazas y maltratos, dándose un caso que inclusive aplica electroshock a quienes tienen mala conducta, un recurso sumamente traumatizante que hoy en día es sólo permitido usar en el resto del mundo para pacientes de esquizofrenia cuando presentan crisis sumamente severas. En verdad estos centros no son para solucionar el problema de los adictos, sino el de las familias de los adictos que desesperados no soportan más la enfermedad de su familiar y caen en estas manos inescrupulosas que comercian con su ignorancia acerca de este mal.

Muchas de estas Fundaciones sin fines de lucro terminan, citando a mi compañera Maritza Capote que me ha apoyado en este camino, "haciendo del lucro, su único fin".

Cerramos la parte de los tratamientos concluyendo que se debe hacer un estudio a nivel del Estado, donde seamos tomados en cuenta los recuperados y donde evalúen resultados, para que el Estado de la República Bolivariana determine que el tratamiento al que deberán amoldarse todas las instituciones del país, públicas o privadas, que deberá ser un tratamiento concientizador integral y que se podrá pedir apoyo a los doctores cubanos para implementar las normas de estos tratamientos. Esto es algo que se debe hacer a muy corto plazo.

Aun así, este tratamiento, "per se", no puede dar resultados óptimos, este tratamiento es fuerte en la preparación del "saber", muy bueno, pero sólo teóricamente se puede hablar del "hacer", pues el paciente está aislado de la calle, de su entorno, de la realidad.

Nuestro mismo movimiento nace del miedo al fracaso. Nosotros sabemos los verdaderos niveles de recaída, inclusive en los pacientes que retornan del Convenio Cuba Venezuela.

Para citar al Che nuevamente, aunque no puedo hacerlo en el contexto gramatical exacto, lo recuerdo muy bien diciendo al pueblo cubano en alguna oportunidad que la revolución no podía esconder sus errores, que había que decirlos, inclusive para evitar que otras revoluciones, en otros países, las repitieran.

Esta intención tan hermosa del pueblo cubano, de brindarnos apoyo a los que presentamos la enfermedad de la adicción, en un convenio con nuestro país, tiene en su manera de plantearse un error.

En este caso el error ha sido la falta de apoyo cuando regresamos, la poca importancia que se da al riesgo de recaída y el escaso apoyo a crear proyectos de reinserción social.

Este error sucede en casi todos los países del mundo, no existen experiencias de reinserción apoyadas por el Estado. Por supuesto, no puedo dejar de decir de nuevo que esto sucede por la visión "capitalista" que se ha tenido sobre la enfermedad.

La adicción, para hablar claramente, es un excelente negocio en nuestros países. Por ello todo termina en darle cualquier tipo de tratamiento al adicto, luego se le devuelve a la sociedad sin ningún apoyo, claro, lo estarán esperando de nuevo en los centros, la mayoría de ellos saben que van a recaer. El síndrome de la puerta giratoria: entran a sanarse y salen a consumir nuevamente, un círculo muy rentable para los dueños de centros de recuperación, es un círculo que hay que romper.

Los planteamiento que quiero hacer a partir de aquí, son nacidos de la angustia mía y de mis compañeros. De la desesperación y el terror de regresar a los infiernos, si sonamos crudos o duros quisiera que se pusieran en nuestros zapatos para que imaginen cuan cruda y que dura es la sensación que produce el desamparo.

En alguna de las cartas que escribí a tantas instituciones del Estado, hacia la comparación de que dejarnos en el mismo sitio de donde salimos a recibir estos tratamiento que nos brindó Cuba, era similar a que a un paciente a quien se le hubiese realizado una intervención quirúrgica importante, lo enviaran a su casa, directamente desde el quirófano, sin ningún tipo de apoyo o supervisión. .

Quizá será porque somos quienes podemos morir de una sobredosis en una recaída, o sufrir un ACV, o entrar en la demencia, porque son nuestras vidas las que están en juego y tenemos que ser exigentes en que se entienda esto.

Excelente es que a los enfermos de adicción se les dé “el saber” y que se les enseñe el “hacer”. Pero criminal es dejarlo salir solo, sin acompañamiento, sin protección, sin apoyo, de nuevo a la calle, donde lo importante es el “saber hacer”, es como pedirle a un niño de un año de edad, que cruce la calle solo. Es un abandono irresponsable, que solo perdonamos por la falta de conciencia en quienes no han entendido esto.

Los índices de recaída de los venezolanos que hemos regresado de tratamientos en Cuba, oficialmente están en un 62%, sería capaz, valientemente, de afirmar que pueden llegar a más del 90%,porque todos nosotros sabemos muy bien donde está la mayoría de nuestros compañeros, todos sabemos de los compañeros que han muerto, todos recordaremos siempre a nuestra hermana Ariadna, una bella joven de 22 años, a Lina otra joven, menor que esta y con tres meses de embarazo, que murieron de sobredosis luego de regresar de la clínica, todo sabemos los compañeros que están recluidos en siquiátricos y todos sabemos cuántos regresaron de nuevo a la calle y deambulan nuevamente en las noches, con sus bolsa negras recogiendo basura y siendo de nuevo esclavos a la pipa del diablo o a los pinchos..

Lo digo bien alto, porque el próximo podría ser yo o cualquiera de mis muchachos. Este no es un problema tan fácil, es una enfermedad, que muchas veces es terminal y a la que ganarle la batalla será difícil.

Lo digo bien alto, porque la culpa no es de Cuba, es de aquí, la culpa de este índice de recaídas no es de Cuba, repito, es como mandar a un paciente que le sacan un riñón, del quirófano a su casa, sin pasar por terapia intensiva, lo cual en este caso debe responsabilidad del Estado venezolano.

Tiene que permitírsenos ser nosotros, quienes asistamos a los compatriotas que vuelven de Cuba, ya que no hay ningún otro apoyo y por eso mismo es que nosotros nos estamos haciendo responsables de nuestra recuperación.

Cuba nos brinda lo que puede estar a su alcance, jamás olvidemos que Cuba es uno de los pocos países, o a lo mejor el único, en el que no hay problemas sociales alarmantes con el consumo de drogas, hay solo un mínimo porcentaje a pesar del hostigamiento al que la isla está sometida, tanto por las lanchas de los traficantes que botan alijos de drogas al mar cuando son perseguidos y que son llevados por la marea hasta las playas, más los alijos que los mismos cubanos batisteros de Miami tiran a la mar para "descomponer" la sociedad cubana; Cuba no tiene el problema de drogadictos, ni lo tendrá, porque es una sociedad socialista y que este ejemplo sirva para ilustrar todo lo que , a este respecto, he escrito en anteriores páginas.

Una persona al regresar de tratamiento necesita terapia intensiva.

Esto es indispensable comprenderlo, un egresado es como un niño que tiene que reaprender a vivir en sociedad. Es necesario darle teta, amamantarlo, abrigarlo y acompañarlo a su regreso de Cuba.

De esto trataremos más adelante, vamos a hablar primero de la RECAIDA y luego, al final, hablaremos de lo que me llevó a escribir todo este pequeño libro; la **PREVENCION DE RECAIDAS Y LA REINSERSION SOCIAL** del adicto recuperado.

LAS RECAÍDAS

Como con desesperación quizá, planteaba en el capítulo anterior la recaída, palabra que termina haciéndose sumamente temida entre los familiares, amigos y en nosotros mismos los que hemos sufrido la adicción de manera severa. Suena como un final casi irremediable en la mayoría de los casos. Es la propia enfermedad, burlándose en nuestra cara de tanto estudio y tanto esfuerzo.

Es un temor constante cuando preguntamos por uno de nosotros que no vemos hace tiempo Es una sospecha incesante en los familiares, cuando nuevamente empiezan a perderse cosas en la casa. Es la pregunta en la mirada acosadora de los vecinos y es quizá el peor de los miedos que un adicto rehabilitado puede sentir en su pecho.

El fracaso, la derrota, el infierno nuevamente en nuestro diario vivir, más el peso de las culpas de quienes nos rodean, la recaída debe ser un lugar nada grato por el que no quiero pasar.

Recaer, como sabemos es volver al consumo activo, a la vida adictiva.

La adicción, para quienes no tienen mucha información, se manifiesta de manera obsesiva-compulsiva. ¿Qué quiere decir esto? Quiere decir que a la persona que la sufre en una circunstancia determinada se le manifiesta una obsesión compulsiva por volver a consumir. Es como cuando nos dan vómitos, que es imposible lograr reprimirlo, eso es compulsión. Aquí está la lucha más grande contra esta enfermedad, logran contener la compulsión, dominar el deseo interno de la persona por volver a consumir. Ese es el fin último de un tratamiento, no permitir la reincidencia pues, cuando ocurre, normalmente, el adicto ya difícilmente piensa de nuevo en su recuperación y generalmente pasa mucho más tiempo en adicción activa, que el que pasó antes de su internación y llega a fondos más oscuros, la delincuencia, el abandono total y por supuesto lo frecuente es que su siguiente puerta de salida de su enfermedad sea la muerte, un hospital o la cárcel.

Muchas veces, el entorno del paciente, culpa a este mismo, cuando esto le ocurre. "Es un sin vergüenza". Puede ser que tenga algo de razón, pero el no tener vergüenza, ni auto estima, el haber perdido su autovaloración, es causado por el deterioro que produce la misma enfermedad. Para ponerles de manifiesto como veo desde la adicción este fenómeno tan terrible, hay que ver las cosas desde el contexto mayor; por eso siempre desde que comencé este libro he planteado que hay que tener una visión integral, una visión de contexto, para poder enfocar bien nuestro análisis de cada cosa particular, sin olvidar que el fin último de nuestra investigación u observación, deberá ser la búsqueda de nuevas soluciones, el encuentro a través de la comprensión, de salidas para este horrible laberinto.

Quizá, me acaba de pasar, al releer lo que llevo escrito hasta esta página, me suenan sumamente emotivos y personalistas estos textos, a diferencia del tono comedido y pausado, clínico y académico, frío y calculador que en general se respira en todos los libros que hemos leído sobre adicciones. Esto es producto de que yo hablo desde la enfermedad misma, por eso no puedo hacerlo como lo haría un doctor, pero creo que esta misma emotividad podrá ayudar a otros, que se pierden a veces en esas lecturas frías, académicas y de nombres sumamente técnicos, a comprender las causas y las consecuencias de lo que verdaderamente pasa con esta enfermedad...

Insisto en mi lenguaje claro, pues debemos hablar de manera que todos nos entendamos para encontrar una solución entre todos, los doctores, los familiares, los vecinos y los que sufrimos esta enfermedad, debemos, para entender bien de que se trata la enfermedad, hablarnos en un lenguaje común para poder comprendernos y llegar a acuerdos que nos permita avanzar.

Vamos a ver, ¿Qué es lo que pasa a un adicto cuando termina su "tratamiento"?, cualquiera que sea éste, dopativo, punitivo o integral concientizador, encontraremos una situación similar a la que les voy a dibujar:

Un adicto es un ser humano que vive una fractura total con el medio que lo rodea, desde que se levanta, lo primero que piensa es en consumir y una vez que logra el primer consumo ya no podrá parar hasta que su ser caiga de nuevo en reposo, 24 o quien sabe cuántas horas después. Está desconectado de la sociedad y "pegadísimo" al consumo, esto quiere decir una soledad, una separación, una exclusión y una autoexclusión. El mundo lo rechaza y el rechaza al mundo, ese ha sido su diario vivir durante muchos meses o años, según el caso.

El adicto está intoxicado hasta la médula, ha perdido peso, la dentadura, la sonrisa, está "seco", un síntoma terrible que le quita la lozanía, la frescura a la piel, que le enseña los huesos y que le diferencia notablemente de su sociedad. El mismo no soporta ver su imagen en un espejo, sabe y siente el daño, sabe que ha tomado un lento camino hacia su propia destrucción, hacia la muerte y sabe que cada día sigue envenenándose y no puede ni quiere parar.

Durante años ha soportado la mirada crítica y chismosa de todos a su paso, el rechazo y el asco son los sentimientos que recibe, y vive divorciado de su especie, no quiere saber nada de nadie, asume que no tiene que darle explicaciones a nadie y lo único que quiere es drogarse., cada vez más, de una forma cada vez más autodestructiva.

Cuando este camino lo coloca cerca de la muerte, cuando percibe el olor de la muerte cerca de su vida, quizá aparece sorpresivamente un deseo de supervivencia, que desde ese fondo tan descompuesto le hace empezar a pedir ayuda. Ojo, este momento es muy importante y hay que hacerlo consiente. Es como el borde entre la vigilia y el sueño. Se puede volver a perder más adelante, el adicto puede ser "cautivado" nuevamente, enamorado otra vez por el mundo del que viene. Esta reacción, en nosotros, es como un punto de no retorno, cuando hemos hecho conciencia de él, pero también vemos como se esfuma rápidamente en otros, es como quedarse dormidos nuevamente después de despertar.

El adicto luego de este "susto" y sintiendo la obstinación de su aburrida y monótona manera de vivir, busca la ayuda. La familia o alguna institución lo incluyen en un tratamiento, que malo o bueno, implica el comienzo de la abstinencia como primer paso.

La primera etapa de cualquier tratamiento es ésta, la desintoxicación, se trata solamente de cuidar un cuerpo sumamente deteriorado, de alimentarlo y conllevar con el compañero las compulsiones, las ansias de consumo, su sintomatología de abstinencia, su angustia, su terrible soledad y de brindarle ánimos y esperanzas dándole todo el cariño posible.

Ya en este momento, aparece en nosotros la ambivalencia, palabra clave para entender las recaídas. Es como una mitosis fundamental, nuestro ser se divide en dos, la enfermedad, la droga, el querer regresar de inmediato al consumo, por un lado y por el otro el deseo profundo de renacer, de poder cambiar; que recién aparece débil y frágil, pero está presente y será el pequeño cordón umbilical con la clínica y con la posible recuperación permanente o prolongada. Será el cordón umbilical por el que se alimentará al hombre nuevo que estará por nacer.

En la misma medida en que un paciente, cualquiera de nosotros se lo podrá decir, empieza a recuperarse, a ganar peso, a sentirse fuerte, recupera sus dientes y su sonrisa puede cautivar a los demás de nuevo, empieza en nuestro interior a fortalecerse también el adicto. Empieza una batalla entre dos fuerzas, el bien y el mal, Dios y Satanás en nuestro interior. ¡Qué manera tan fuerte como la droga pelea por lo suyo!, como si prefiriera vernos muertos antes que recuperados y lejos de ella.

A esto se llama vivir en ambivalencia, es decir: dos valores, a veces ves las cosas desde uno y otras desde otro, como dos personalidades dentro de nosotros. Por supuesto que se da una pelea por una fuerza fundamental, de estos dos la que domine la voluntad, será quien triunfe.

En cualquier momento que el lado de nuestra ambivalencia donde se refugia la adicción, toma la voluntad, acto seguido le pone firma y sello al permiso para regresar corriendo al consumo y allí empieza una recaída, saber detectarla y detenerla es el objetivo de la lucha interior, saber pedir ayuda es la herramienta adecuada.

En lograr este control, en impedir que esto pase, consiste el tratamiento concientizador integral que proponemos y que nosotros hemos recibido, pero este control no puede ser permanente, no en un principio, por lo menos, ¿por qué?

Cuando narré la vida de la que viene uno de nosotros al entrar al tratamiento, quería que se tuviera en cuenta nuestro pasado reciente para tratar de imaginarnos lo que pasa al salir de nuestras clínicas en Cuba o en cualquier clínica aquí y regresar a nuestra realidad..

En todo este proceso de crear la ambivalencia, que no es más que internalizar en nosotros, la conciencia de la recuperación, hay que tener en cuenta que nuestra memoria, nuestros recuerdos, son los del consumo, nuestra relación con la sociedad era la del consumo, nuestra relación con nuestra pareja o la familia, que queda en la memoria, es la que teníamos cuando nos fuimos, apenas tres meses atrás, y estábamos en consumo activo. El cambio en las conductas del ser humano no es tarea fácil, lo que la "memoria conductual" tiene grabado tiende a repetirse y las nuevas conductas "aprendidas recientemente" no se impondrán si no se ejercen constantemente, si no se "imponen" a la memoria conductual, que parece que funcionara mecánicamente, los nuevos hábitos y las nuevas conductas serán puestas en marcha solo si se tiene un manejo diestro de "la voluntad" y este manejo se debe acompañar, resulta más fácil, si te integras a un grupo de personas que también han sido "reeducadas" y te mantienes junto a ellos durante los primeros meses, mientras el saber y el hacer se conjugan en un ejercicio conjunto: el "saber hacer".

Yo siempre digo que ya al salir de las clínicas la balanza ya está inclinada hacia la recaída. ¿Por qué digo esto? Veamos las indicaciones bajo las cuales regresamos:

En las clínicas se termina el tratamiento con una "terapia familiar". Una sola persona del entorno familiar acompaña al adicto en sus dos últimas semanas, ve, más o menos, de qué se trata el cambio que se ha operado en su familiar y recibe indicaciones médicas de cómo se debe cuidar al paciente: no se le debe dejar salir solo, no debe acercarse a amistades con las que consumía, no debe tener grandes cantidades de dinero, debe conseguir trabajo y debe mantener sus hábitos adquiridos recientemente en lo que respecta a aseo personal, horario de comidas, regulación del sueño. Debe empezar un tratamiento ambulatorio para dar seguimiento a su tratamiento y comienzo a su reinserción.

Es lo más que se puede proponer desde Cuba, es un último esfuerzo para que no se pierda lo obtenido, pero en la mayoría de los casos, no funciona, ¿Por qué?

Primero que nada tenemos que dejar muy claro que la adicción es una enfermedad que contagia al entorno del adicto, causa codependencia; o sea, de alguna manera los familiares se han hecho "adictos" al adicto y esto no se ha tratado. Pienso, para decirlo de una vez, que si no se cura al codependiente este será un arma para provocar la recaída de su familiar adicto. ¿Qué quiere decir esto, qué la familia también está afectada? Durante el consumo activo la familia es golpeada desde dentro por el adicto y desde afuera por la sociedad, el adicto roba, maltrata y da mal ejemplo a quienes lo rodean y la sociedad, como siempre, señala con su dedo acusador. Se crea un sentimiento de culpa sobre el adicto y otro de “pobrecita de mi” en la familia y ambos se acostumbran a esto y resulta difícil cambiar estas conductas. Se hace adicción a ellas.

Jamás podemos olvidar que la mayoría de estas familias son disfuncionales, tienen problemas que no se han tratado y que en cualquier momento pueden ser “disparadores” de compulsión o arrebato emocional en el miembro que regresa rehabilitado.

Alguien en la familia va a seguir “vigilando” al adicto, alguien fuera de ella va a estar apostando a verlo recaer.

Por supuesto que el retorno del familiar es emotivo, pero no hay conciencia ni familiar ni social de la enfermedad. La familia y sus vecinos están ansiosos esperando su regreso, quieren verlo curado, a pesar de que en las clínicas se les ha dicho que el paciente no debe tomar, en muchos casos la familia no le da importancia a esto, “el problema de él era la droga, no el alcohol” “unas cervecitas no le van a hacer mal”, “tiene derecho a disfrutar, pobrecito, que se tome un traguito”, son posiciones que por falta de información y por incultura son tomadas en ese momento de fiesta, ¡Que alegría! ¡Mira que gordo llegaste! ¡Ahora si vas a echar pa´lante!, son simples expresiones emocionales del momento de la llegada.

A nadie le pasa por la cabeza que el alcohol, después de unos tragos, le puede ocasionar una pérdida del valor de su recuperación y puede producir un consumo impulsivo, le permitirá decirse a sí mismo: “a mí no me importa, una sola dosis no me va a hacer daño”. Quedando en absoluto riesgo todo lo logrado y colocándolo en la puerta del comienzo de una recaída.

Pero, ubicándonos en nuestra sociedad, ¿cuántas familias se preocupan de que éste busque un doctor que se encargue de darle seguimiento? Muchas familias al verlo sin síntomas y recuperado, asumen que ya se curó, no es fácil concienciar a la gente de que la adicción es para siempre, que hay muchos disparadores esperando para llevarlo de nuevo a consumir.

El adicto no puede andar con sus antiguos amigos, se entiende, ¿pero quién va a andar ahora con el adicto? "ese va a recaer, hazme el favor y no te me juntes con ese muchacho".

El adicto tiene que conseguir trabajo, pero ¿quién le va a dar trabajo a un drogadicto que era un recogelatas o un delincuente? El acoso social sigue, nadie le da la mano, muchos se sientan a esperar verlo recaer y hasta perece que lo disfrutaran, es lo que llamo el carroñeo social, así empieza una mal llamada "reinserción social"

Pasan los días, el "recuperado está en su casa, no puede salir, y si lo hace debe ser acompañado por un familiar que no es de su misma edad, se siente controlado, ¿qué está pasando en su cabeza?, todo es muy normal, pero la recaída no es el sólo el acto compulsivo de ir a fumar o a inyectarse de nuevo, no, la recaída va preparando su terreno, va acumulando rabias, argumentos, situaciones y luego de que el muchacho, después de uno o dos meses, no tiene trabajo, de que la familia se cansó de estarlo acompañando y que el ocio rodea su vida de nuevo, en cualquier momento, ante cualquier detonador, se manifiesta la recaída, al principio nadie se da cuenta y el adicto ya no lo dice, ya está decepcionado del mundo otra vez, y ya está claramente encubriendo su recaída, se hace su cómplice y defensor, se atrinchera nuevamente detrás de la droga y poco a poco empezará la familia a tener sospechas, a tener peleas, hasta que empiezan las situaciones anteriores, el adicto se empieza a robar todas las cosas de la casa, ya no le interesa nada, la familia trata de esconderlo, pero al final se derrumba todo nuevamente y la droga ha ganado otra vez.

Creo haber sido suficientemente explícito, creo que se puede comprender lo que está ocurriendo, creo que entender estas situaciones no es tan difícil y que debemos entender que la llamada reinserción no puede ser manejada solamente por la familia, que se hace necesario entender aquello que dije antes, de la sala de terapia intensiva, que no se puede pretender sacar al adicto de la clínica sin brindarle apoyo, es por este apoyo por lo que estamos dando esta pelea. La familia es parte del problema, no de la solución, la familia y el entorno social deben ser tratados igualmente, entonces el apoyo de la reinserción debe estar en otra estructura que se debe crear, porque no existe.

La reinserción social debe ser protegida, acompañada, supervisada por una entidad superior a la familia, pues ésta también debe ser recuperada, los familiares deben ser tratados y supervisados junto a nosotros para lograr una verdadera reinserción exitosa, debe haber protección para todo el grupo familiar y de ser posible para el entorno social (charlas, proyecciones, talleres).

LA PREVENCIÓN DE RECAÍDAS Y LA REINSERCIÓN.

La prevención de recaídas y la reinserción social son las dos piezas que faltan en el rompecabezas, para poder tratar de salir del laberinto, para poder esperar verdaderamente soluciones.

La prevención de recaídas y la reinserción, son la parte vital de todo este proceso y hasta ahora nadie le ha dado esa importancia. No existen mecanismos sociales ni públicos ni privados para brindar esta ayuda, el período de reinserción es el período más importante, pues durante ese período se empieza a ejercitar el "saber" y el "hacer" en una misma actividad, transferir el saber hacia el hacer. Poner en práctica lo aprendido, saberlo usar, no es tarea fácil. Saber darse cuenta de que se está sintiendo un deseo de consumo, o ansias de consumo, reconocerlo desde la parte recuperada, desde donde podemos actuar y responder, no es fácil, no se hace de memoria, las ansias son el arma de la personalidad adictiva y no dan aviso, el adicto no ve en primer momento, en contexto, lo que está sintiendo, el sólo siente unas ganas terribles de ir a consumir, allí su cabeza se llena de fantasmas, empiezan a brotar toda una innumerable álgebra de manipulaciones y justificaciones, se idealiza el deseo y se "inventan" rápidamente los caminos para que esto ocurra de inmediato; el adicto mentiroso, el adicto tramposo, el adicto manipulador, el insensible, está detrás de lo suyo, pararlo, hacer conciencia, entender que esto era lo que nos decían en la clínica que era un ansia de consumo, no es fácil.

Hay que entrenarse, es un músculo que crecerá a medida que se use. Es difícil poner en práctica lo aprendido, el "hacer" es mucho más difícil de dominar que el "saber" y nos parece que es apostar al fracaso pretender que esto surja del adicto sin ningún apoyo o con apoyos fracturados, como la familia. Debe haber un acompañamiento y una protección en la etapa en que se conjugan estas dos nociones en el "saber hacer".

Es a nuestro criterio el período donde se deben fortalecer los nuevos valores, donde uno debe tener un sentido de pertenencia, donde debemos llevar nuestra recuperación en el pecho con todo el orgullo, pero no se ha visto esta problemática.

No verla ni tomarla en cuenta es lo que convierte en fracaso todos los esfuerzos realizados, por eso queremos hablar, nosotros, los que nos hemos unido bajo el concepto de HOMBRE NUEVO, queremos hablar con optimismo, exigimos que se nos permita demostrar que tenemos la razón. Queremos perder todo el tono triste con que hemos venido hablando hasta ahora en este escrito y retomar la esperanza y la alegría de esta posibilidad.

Queremos hablar de nuestro proyecto: **LA CASA DEL HOMBRE NUEVO**, como un modelo de prevención de recaídas y reinserción innovador que deberá cambiar los resultados. Para nosotros reinserción es crecimiento social, es asegurar la recuperación, comprometerla, es demostrar toda la capacidad que llevamos dentro, es calidad de vida, es apoyo, es reeducación, es una esperanza que triunfará en nosotros y más allá de nuestras fronteras, deberá ser la solución de una sociedad nueva, de una sociedad socialista, llena de solidaridad y de amor, de confianza y apoyo total a nuestra decisión de cambio. Este concepto de reinserción es el único modelo que podrá prevenir las recaídas al comprometer al rehabilitado a nuevas relaciones sociales, a nuevas actividades y al brindarle un acompañamiento, tanto de terapeutas como de "nuevos amigos" ya recuperados. Este apoyo por encima de la familia, que apoya también a la familia y al ámbito comunal, es el apoyo que podrá blindar el trabajo hecho en Cuba.

Es un proyecto vertebrado, no un proyecto más, es un proyecto que apunta a la formación de una nueva estrategia para tratar el problema de la droga a nivel nacional, basado en la sociedad nueva, socialista que estamos planteando. Luego de La Casa del Hombre Nuevo que es una solución urgente para los conciudadanos que egresan de los centros en Cuba, se deberá adecuar el modelo **"concientizador integral"** que se imparte en Cuba e imponerlo en nuestro país, tanto en nuevas clínicas creadas bajo el concepto cubano, como exigiendo a que se tome ese modelo en los centros existentes.

Luego habrá que abrir tantas Casas del Hombre Nuevo como sean necesarias y así estaremos preparando una legión de soldados para emprender la lucha final a nivel de la América Latina.

LA CASA DEL HOMBRE NUEVO.

Un nuevo modelo de prevención de recaídas y de reinserción social.

Bien, ya hemos llegado a buenas conclusiones y todos podemos manejar un poco mejor la situación, la problemática que compartimos, tenemos una idea global del problema del tráfico de drogas a nivel mundial, hemos dado una visión sobre el estado actual de ese problema en nuestro país, hemos revisado que es lo que, dentro de lo malo, se está brindando a los compañeros que sufren la enfermedad de la adicción y por último revisamos el por qué los tratamientos no garantizan un resultado exitoso.

Hemos ubicado entonces un problema: la reinserción social. Hemos planteado que aquí, en esta área desatendida, no sólo en Venezuela sino a nivel mundial, que hemos considerado mal concebida y mal manejada, pueden residir los orígenes que ocasionan las fallas en los resultados finales de los esfuerzos que se realizan por brindar una salida a los que padecemos este mal.

Para buscar una solución resulta vital, primero definir el problema, crearlo, estudiarlo. Si sabemos cuál es el problema y lo analizamos podremos entonces encontrar soluciones más acertadamente, pues al saber cómo no funcionan las cosas resulta más fácil saber cómo deben funcionar; esta es otra ventaja que nos brinda el materialismo dialéctico como método para analizar e interpretar, para conocer y solucionar todos nuestros problemas.

El Dr. Alexis Ocanto, siquiatra que nos acompaña en este proyecto, dice que hay que crear el problema, proponer un modelo y probarlo en la "realidad". Creo que tratamos de decir lo mismo.

El problema “creado” es la reinserción social de las personas rehabilitadas y el modelo propuesto es la atención de esta reinserción desde una instancia superior al de la familia del paciente, que pueda apoyar y monitorear esta reinserción en los tres niveles, primero el del paciente, luego el de la familia y por último el del ámbito social, dado que se considera que son esos los componentes de la problemática que queremos resolver. Están afectados en distintos grados y la atención, por ende, debe ser a los tres.

Primeramente hay que tener claro que el problema no es solamente un problema “clínico” del paciente, como si fuera sarampión o rubéola. El problema es social, es del paciente y de la sociedad, del paciente y de su ámbito social y del paciente y su medio familiar.

Para lograr una solución efectiva, nunca podemos dejar de tomar en cuenta este punto de vista, el tratamiento o el apoyo debe ser en esos tres planos, tiene que propiciarse un reencuentro dirigido a los vecinos (medio social), a la familia y al adicto rehabilitado, pues sino se hace así cualquiera de estos tres componentes del problema puede ser el origen de una recaída

Después, hay que crear mecanismos para reforzar la recuperación ya lograda por la persona que regresa rehabilitada. Teniendo en cuenta que esta responsabilidad no la debe manejar la familia solamente, sino que ella también debe estar recibiendo apoyo.

Y hay que pensar también en brindar al compañero rehabilitado, un camino muy atractivo, agradable que lo motive a no pensar en volver al consumo, que al contrario lo incite a mantenerse en recuperación porque los beneficios son algo que el realmente desea. Debe encontrar un nivel de vida, una calidad de vida que le provoque mantener, que le nazca defenderla, y en la que se sienta protegido y apoyado y desde la que se le brinde un camino donde pueda ir creciendo, avanzando en la medida que todo su potencial se vaya desarrollando.

Vamos a leer un escrito del Dr. Efraín Hoffmann, médico holístico, director del Spa La Concepción, donde encontré varios conceptos muy interesantes que nacen de estas nuevas maneras de ver la medicina en donde ya no es solo el problema desde lo siquiátrica, o desde lo psicológico o desde lo social, presenta visiones en conjunto, no solo del paciente sino de su medio social. En ellas encuentro muchas coincidencias con el concepto que quiero proponer para el modelo aplicable en La Casa del Hombre Nuevo.

El Dr. Hoffmann dice lo siguiente:

"Las personas con adicciones fuertes suelen ser personalidades del tipo obsesivas compulsivas. Por lo tanto, son individuos que cuando se proponen algo podrían lograrlo."

"Con la misma fuerza con la que abrazan un consumo adictivo que de alguna manera los perjudica, con la misma fuerza orientada en un sentido constructivo pueden concentrar toda esa energía de manera consciente para el logro de cualquier meta que se propongan. La diferencia es que la adicción suele ser una evasión inconsciente en alguna dirección, mientras que lo otro es más bien un proyecto de naturaleza consciente que implica esfuerzo."

"Muchas personas que han "logrado" vencer una adicción fuerte mediante la abstinencia, se comportan compulsiva y obsesivamente en otras áreas de su vida. Han ido de un extremo de consumo desenfrenado a la total abstención, y eso lo han logrado con una extrema rigidez e inflexibilidad de carácter, que no es más que otro rasgo de la personalidad obsesivo compulsiva. Pero sólo saben hacer las cosas yéndose a los extremos, para ellos no hay términos medios, "o todo o nada". Por supuesto que esto no refleja más que su pánico a recaer, porque reconocen su frágil debilidad y no saben manejarse, solo contenerse."

"El tema del control se convierte en un aspecto dramático y relevante en sus vidas. Por eso se convierten en fanáticos religiosos, trabajo-adictos, incluso me atrevo a afirmar que los ascetas, los monjes, los "santos", los mártires, y seguramente deportistas y los atletas y la mayoría de los triunfadores en cualquier área, poseen, personalidades de tipo adictivas que han encontrado una manera, socialmente aceptada, y definitivamente menos injuriosas para el cuerpo de sacar constructivamente provecho de las "ventajas" de su personalidad. Aunque en realidad, no es más que otra manera de expresar la condición adictiva. Obsesionados por unas fuertes creencias o ideales y por realizar compulsivamente con firmeza sus determinaciones, han sustituido una adicción fuerte de tipo destructivo por otra adicción de tipo constructivo. Han sustituido los placeres sensuales otorgados por la inconciencia, por las satisfacciones que les brinda el alcanzar los logros que se proponen de manera consciente y constructiva."

Creo que el punto de vista expuesto por el Doctor Efraín Hoffmann, apoya lo que yo no sólo quiero plantear sino demostrar como posible.

No he requerido más estudios ni diplomas ni postgrados para emprender este trabajo que los que la necesidad y los años en la escuela de la calle me han otorgado, de los que de cualquier manera, así no hayan sido en confortables salones de clase de universidad alguna, sino en sórdidas noches de miseria y exclusión, de soledad, de una ruin forma de vivir y compartir junto a mis compañeros en noches de dolor y sufrimiento, me han brindado un conocimiento que me permite participar en la búsqueda de una manera innovadora de encontrar una solución que simplemente funcione.

Quiero romper con esa visión tan dañina que algunos siquiatras mantienen de ver a la persona con problemas de adicción como un impedido mental, como si sufriese de incapacidades. Todo lo contrario, una de las cosas más insólitas del consumo de drogas es que quienes se hacen adictos más rápidamente son las personas más sensibles y las más inteligentes. Porque creo que deben tomarse en cuenta sus capacidades no desarrolladas o potenciales para poder trabajar en desarrollarlas.

Cerrando todas estas reflexiones puedo decir que el modelo planteado como solución es una instancia social, una respuesta de la sociedad misma para abordar este problema, donde se encuentren todos los involucrados y aquí es donde debemos proponer ideas y empezar a experimentar, sin negar la posibilidad de hacer correctivos sobre la marcha.

Esta instancia superior social, para abordar la problemática de la prevención de recaídas y la reinserción la hemos llamado La Casa del Hombre Nuevo.

Ya vamos a explicar qué funciones debe asumir esta organización, pero antes hay un tema que debo aclarar.

Hasta el día de hoy se mantiene un paradigma que debemos revisar y es el del anonimato del adicto. Pues en esta forma de afrontar y buscar una solución, debe romperse el anonimato. Existe realmente, o es un caso notorio y público cuando una persona está consumiendo drogas, ¿hasta dónde alcahuetear que la sociedad no acepte la adicción como una enfermedad? Veamos el origen y la justificación, en su época, del anonimato.

El origen de manejar el concepto del anonimato del alcohólico o el adicto proviene posiblemente de Alcohólicos Anónimos o Narcóticos Anónimos, grupos de autoayuda que espontáneamente se crearon por alcohólicos y adictos, donde no participan ni autoridades o representantes de la sociedad o de los sistemas de salud del Estado. En ellos se propone un sistema de superación de los problemas de adicción bajo un programa de 12 pasos. Hasta el día de hoy, AA y NA han sido efectivos para muchos de los que toman este camino, pero lamentablemente no cubren sino a una minoría de las personas que padecemos estos problemas, en ellas se habla del anonimato como una forma de protegerse de la estigmatización social que es característica en nuestra sociedad, creo que es el factor fundamental de que se plantee el anonimato.

A partir de sus experiencias es de donde se ha conocido mucho más a fondo la personalidad adictiva y para su manera de funcionar es conveniente el anonimato. Pero si queremos hablar de enfrentar el problema de las adicción desde un nuevo enfoque social, allí, con este nuevo instrumento se debe romper el paradigma del anonimato. Ya todo el mundo sabe quiénes somos en nuestro medio natural, ya todo el mundo sabe que somos adictos a las drogas o al alcohol. ¿Por qué seguir ocultándonos o sintiendo vergüenza? Sufrimos una enfermedad y debemos o pretendemos ser ejemplo de que se puede superar, vergüenza daría no haber podido superarla; así, con orgullo y usando nuestro propio nombre, debemos salir a luchar por nuestra posición dentro de la sociedad, a reclamar lo que nos pertenece: una posibilidad de vivir y disfrutar nuestra vida, nuestro derecho a la felicidad.

La Casa del Hombre Nuevo.

La Casa del Hombre Nuevo es un lugar de acompañamiento, de apoyo y de identificación para los pacientes egresados de clínicas de rehabilitación de adicciones al alcohol y a los psicofármacos adscritos dentro del Convenio Cuba Venezuela, en una etapa inicial y experimental.

Hemos creado este proyecto para aplicarlo sobre nuestra misma realidad, para tratar de cubrir la falta de seguimiento y de apoyo que existe para nosotros.

Según todo lo que hemos venido planteado y analizado, llegamos a la conclusión de que debemos crear un apoyo más sólido que el núcleo familiar, más allá, que abarque y ayude al núcleo familiar y que pudiese tener posibilidad de proyección sobre el entorno social del adicto. Dado esto, lo primero que nos hace falta es un espacio, un lugar donde empezar, allí podremos encontrarnos y dar inicio a esta experiencia, para desarrollar este modelo, por eso hemos dicho que necesitamos una casa para los rehabilitados en Cuba, la casa da un espacio donde pueden empezar a hacerse cosas ¿verdad? Vamos a ver, aceptando todas las conclusiones que hemos podido ir reuniendo en nuestras reflexiones, ¿Qué cosas serían las que deberán trabajarse en La Casa del Hombre Nuevo?

El primer objetivo que debe tener La Casa del Hombre Nuevo es romper ese aterrizaje de barriga que se hace al llegar de los tratamientos en Cuba, como ya lo estamos haciendo, recibir a los hermanos que regresan de los centros en Cuba y hablar con los que parten hacia allá, dándoles la esperanza de ver en nosotros lo que puede suceder con su vida si obedecen correctamente las indicaciones en su tratamiento.

Ya esto es un gran logro, así rompemos la sensación de pequeñez que sintió cada uno de nosotros al regresar, ya tanto los pacientes como sus familiares ven que el camino no se acaba, que alguna orientación siguen recibiendo, .sentirán que hay apoyo y eso los fortalecerá, el que el recién llegado se encuentre con otros adictos que salieron hace tiempo del tratamiento ya lo hace sentirse "comprometido" a hacer el mismo esfuerzo. Allí ya estamos dando un buen impacto para fortalecer lo logrado.

Además al despedir a los que se van a tratamiento, esfuerzo un poco más difícil, porque estos casi siempre aparecerán con síntomas de abstinencia, sin embargo ,se les da un mensaje prometedor, se le quitan un poco las dudas de a donde lo están llevando, se les pide calma y se les anticipa que van a un excelente lugar, este mensaje, transmitido por personas que él reconoce como similares, que sabe, por olfato, que tenemos un pasado común, ya mejorará mucho su integración a las clínicas al llegar a ellas y sembrará en sus mentes la imagen de nosotros para recordarles que desde ese lugar a donde él va a ingresar, venimos los que lo estamos despidiendo; le decimos que sí se puede salir y se le dan ánimos para que tome en serio su posibilidad de recuperación. Igualmente los familiares al vernos sienten la esperanza de que sí se pueden obtener las cosas que se quieren y saben que no todo quedará en sus manos, que un grupo de egresados hemos creado La Casa del Hombre Nuevo para apoyarlo a su regreso.

La existencia de la Casa del Hombre Nuevo, marca a los egresados, a los que la estamos creando un sitio de confluencia, un lugar donde cálidamente conocemos gente que ha vivido la misma experiencia, nos hace pertenecer a algo, somos un grupo, nos sentimos orgullosos de lo que estamos haciendo y eso también es un compromiso para mantenerse en recuperación.

Ahora, al romper ese miedo a la recuperación en soledad, ¿Qué actividades deben realizarse en la Casa del Hombre Nuevo?

Repito que todo lo aquí propuesto será experimental y deberá montarse en período de prueba y sobre la marcha ir haciendo los ajustes hasta lograr su óptimo funcionamiento.

¿PARA QUÉ LA CASA DEL HOMBRE NUEVO?

Como se desprende de lo anteriormente planteado, el objetivo fundamental de esta primera Casa del Hombre Nuevo, es evitar o reducir al mínimo las recaídas de los pacientes egresados de los centros de rehabilitación de adictos y adictas en Cuba luego de su tratamiento a través del Convenio de Salud Cuba Venezuela. ¿Por qué?

1.- Porque el tratamiento allá aplicado no termina cuando egresa el paciente o la pacienta y, hasta ahora, nuestro país no ha implementado servicio de salud alguno que garantice la posibilidad de cumplir las recomendaciones que allá indican los especialistas. En consecuencia:

A) Como la mayoría de las y los compatriotas enviados a Cuba provienen de clases sociales populares y clase media baja o media media, las familias no tienen recursos económicos que les permitan cubrir los gastos originados por el pago a psiquiatras especialistas, alimentación adecuada al caso, gimnasios, Etc. Tampoco cuentan quienes regresan recuperados y recuperadas, con un mecanismo implementado por el Estado que facilite su pronto ingreso a las "Misiones Educativas" ni al trabajo. Esta realidad, así como otras derivadas de los conocidos desarreglos de nuestro medio social contaminado por innumerables drogas, determina un preocupante y alto porcentaje de recaídas.

B) El tipo de tratamiento que brinda Cuba es muy costoso. Por tanto, la incidencia de elevados índices de recaídas significa una pérdida económica para Venezuela y para Cuba; pero peor aún, significa una pérdida social injustificable dentro de un proceso eminentemente humano como el que tiene en construcción la Revolución Bolivariana de Venezuela, porque recaídas y recaídos retornan al submundo de las consecuencias nefastas de la drogadicción, consecuencias que conllevan al mantenimiento de valores éticos contrarios a los que aspira y debe lograr nuestro actual proceso revolucionario.

2.-Por otra parte, la alta incidencia de recaídas empieza a ser utilizada políticamente como un fracaso del método cubano para enfrentar el flagelo, un método que tiene un prestigio bien ganado, por algo es que a esos centros llegan en busca de sanación adinerados y adineradas del mundo entero.

La solución al problema que hoy reconocemos en Venezuela, puede y debe ser resuelto aquí, es un acto de responsabilidad. Estamos convencidos de que el método cubano contra la drogadicción, puede y debe ser en Venezuela tan exitoso como el método: "Yo sí puedo" que si tiene planes de prosecución para que la lectura sea verdaderamente un instrumento de desarrollo personal y colectivo.

Nosotros, adictos y adictas recuperados en Cuba que tenemos la disposición de poner en marcha La Casa del Hombre Nuevo, queremos demostrarle a Venezuela y a Cuba que nosotros "también podemos" contribuir al desarrollo personal y colectivo de este pueblo de Bolívar. Ya contamos con el respaldo solidario de personas e instituciones públicas y privadas.

COMO OBJETIVOS COMPLEMENTARIOS, LA CASA DEL HOMBRE NUEVO TENDRÁ ENTRE SUS PROPÓSITOS:

A) Asegurar preparación continua a quienes asumiremos la tarea de poner en marcha el proyecto. Algunos de los egresados de los Centros cubanos, obtuvimos allá diplomas de "coterapéutas"; sin embargo, estos y el resto de rehabilitados comprometidos con echar a andar nuestra Casa del Hombre Nuevo, seremos participantes de talleres coordinados por especialistas, como actualmente lo está haciendo el Dr. Alexis Ocanto, un profesional con más de 20 años de experiencia en adicciones, que nos faciliten acceso a una capacitación adecuada para participar activamente en las actividades de nuestro centro, haciendo un equipo con los profesionales involucrados y poder tener una participación coherente con las necesidades reales de la nueva institución . Así como también promocionaremos charlas y cualquier otro tipo de eventos que nos permitan obtener una formación integral que fortalezca nuestra personalidad y por tanto contribuya a superar, todavía más, disconductas y disvalores que aún puedan subyacer en nuestra condición de rehabilitados de una larga vida vinculada a la drogadicción. Esta formación de "paraterapeutas" la hemos denominado batallón de "pioneros del Hombre Nuevo".

Todo esto constituye un peldaño más para la concientización del personal, de compromiso, que sin duda habrá de transferirse a los recién rehabilitados que acudan a La Casa del Hombre Nuevo en busca de ayuda y orientación.

B) Recibir en la Casa del Hombre Nuevo drogadictos rehabilitados en instituciones públicas y privadas que funcionen en el país. Una vez creado con egresados de Cuba el núcleo inicial de dicha institución, sus espacios deben abrirse progresivamente a usuarios provenientes de centros nacionales que, con sus propios y particulares métodos, ofrecen tratamiento a drogadictos.

C) Reproducir la experiencia mediante la creación de otras Casa del Hombre Nuevo. Como sabemos, la población venezolana afectada por la drogadicción es muy numerosa, una sola Casa del Hombre Nuevo será insuficiente para atender rehabilitados y rehabilitadas a escala local y mucho menos a escala nacional.

Este método de transferencia de conocimientos y responsabilidades logrará que los recién llegados que deseen integrarse al personal activo de la Casa del Hombre Nuevo, asuman como primera meta, lograr el grado de Pioneros para poder empezar a desarrollar su actividad laboral dentro de una nueva Casa del Hombre Nuevo y de esta manera estaremos brindando una solución al problema laboral de los que así lo deseen, que involucra un gran compromiso de ser el ejemplo para los más nuevos y fortalecerá su recuperación.

¿CÓMO FUNCIONARÁ LA CASA DEL HOMBRE NUEVO?

El funcionamiento de La Casa del Hombre Nuevo será desde su inicio una continuación del tratamiento, a sabiendas de que en esta etapa el paciente está de nuevo en su medio social original, que está cerca de las zonas de riesgo y sufriendo más fuertemente las posibilidades reales de recaída. Deberá extenderse para él entonces, un apoyo a todas las estrategias aprendidas, ahora de forma ambulatoria. Pero sabrá que en La Casa del Hombre Nuevo podrá encontrar la misma cantidad de actividades que disfrutaba en el centro, en todas las áreas y tener apoyo en esta nueva etapa donde el "saber" y el "hacer" confluyen en la experiencia práctica de su reingreso a la sociedad.

Varios especialistas nacionales y extranjeros, entre ellos el Dr. Efraín Hoffmann, venezolano y el eminente cubano Ricardo González Menéndez, docente y médico vinculado al Programa de promoción de salud y prevención de enfermedades del Ministerio de Salud Pública del hermano país, cuyas obras hemos consultado, coinciden en considerar que la adicción a drogas es generalmente una evasión inconsciente a situaciones de su entorno, con el consumo de la droga busca olvidar experiencias dolorosas(es lo que en el concepto popular respecto al licor utiliza la expresión "ahogar las penas"); encuentran igualmente otras vías de acceder a la drogadicción, donde el entorno es un factor importante, tales como la vía "socio-cultural" que resulta de costumbres de lo reflejado en medios de comunicación como la televisión y el cine (ahora se agrega el Internet), particularmente importantes, así como " la presión de grupos humanos " con quienes se tiene contacto y ante quienes puede ceder al consumo en búsqueda de aprobación social. Para nuestro proyecto estas dos vías nos demuestran lo que anteriormente hemos planteado: no es solamente el drogadicto recuperado quien amerita atención, también su entorno familiar y social en general. La Casa del Hombre Nuevo debe generar relaciones con estos medios familiar y social a través de talleres, charlas, proyecciones de films terapéuticos, para lograr involucrarlos en la protección del rehabilitado que llega y en la prevención general al consumo de drogas.

Igualmente coinciden estos especialistas en que luego de haber vencido una adicción mediante la abstinencia y la concientización del daño infringido a uno mismo, subsisten "comportamientos compulsivos en otras áreas de su vida". Según el criterio de especialistas cubanos.

Esto, como hemos dicho anteriormente, se debe a que durante la experiencia de adicción se formó un carácter o una personalidad compulsiva-obsesiva.

A) El control de rehabilitados y rehabilitadas, requerirá, por lo tanto, encontrar la mejor forma de transferir esas características hacia otras áreas de su vida social, que lo fortalezcan como son el trabajo y el deporte, actividades recreativas, docentes y cualquier otra actividad beneficiosa para la persona, para algún colectivo al que se incorpore y por tanto beneficioso para la sociedad...

   Será necesario transferir los estados de ansiedad y de compulsión hacia tareas satisfactorias para esa persona que víctima de un "vacío existencial", busca compensarlo con experiencias placenteras que a la vez gozan de aceptación social. Por lo que las actividades que encuentre dentro de La Casa del Hombre Nuevo, deberán ofrecerle esas sensaciones placenteras apropiadas para mejorar su calidad de vida y sentir satisfecha su "hambre espiritual" Esta serás una forma de sacarle provecho a sus características personales, en beneficio propio y a favor de la colectividad, lo cual repercutirá favorablemente en su autoestima y en el fortalecimiento del "saber hacer" con todas las herramientas aprendidas durante su tratamiento.

El hecho notorio de que la familia y su medio social (vecinos, conocidos, compañeros de estudio o de trabajo, si los tuviese), estén involucrados en todas las actividades deja sentado que somos todos quienes debemos cambiar en conjunto, ya que uno más y otros menos, somos afectados por una sociedad de consumo, sin valores morales ni posibilidades de desarrollo personal y esto hará sentir un alivio en "la culpa" que normalmente la sociedad deja caer sobre nosotros los adictos.

B).- La Casa del Hombre Nuevo debe contar con un local y con la logística necesaria para desarrollar el plan de tratamiento para las y los recuperados, tras más o menos larga vida en drogadicción. Este local y las instalaciones iniciales que proponemos para su apertura deberán tener una presentación sumamente agradable y provocativa ante los ojos de los egresados nuevos desde su primera visita, instalaciones de calidad que lo inviten a participar, más una disciplina en el diario vivir de la institución que lo invite a integrarse plenamente.

Para el inicio de actividades de la Casa del Hombre Nuevo proponemos las siguientes áreas de trabajo:

1. **Oficina de registro y triaje de los egresados de distintos centros, familiares y consejos comunales correspondientes.**
2. **Oficina de coordinación de actividades y dirección.**
3. **Consultorios médicos (tres: dos psiquiatras y un psicólogo).**
4. **Una sala de enfermería.**
5. **Oficina de trabajo social (2 trabajadores sociales).**
6. **Una sala de terapia de grupo.**
7. **Una sala de usos múltiples para: proyecciones, conferencias, talleres, actividades varias. (Cine, charlas, bailoterapia, teatro, conciertos, etc.).**
8. **Una sala de Internet con la mayor cantidad posible de equipos para los egresados.**
9. **Un pequeño comedor o fuente Soda.**
10. **Un gimnasio muy bien dotado.**
11. **Una cancha deportiva y sala de juegos de mesa.**
12. **Una pequeña biblioteca.**
13. **Un núcleo de propaganda y divulgación cultural.**
14. **Una emisora de radio comunitaria.**
15. **Una oficina de relaciones interinstitucionales.**
16. **Un vehículo de transporte, para los trabajos sociales.**

Todas estas actividades serán supervisadas por el equipo profesional que trabajará con horario fijo en la institución, para poder brindar un seguimiento total a cada paciente y para ello se propone la participación de un equipo inicial de doce Pioneros, que serán promotores de las actividades y supervisores de la conducta y cumplimento de las normas. Con todas estas instalaciones se podrá motivar tanto a pacientes, familiares y las comunidades cercanas a las viviendas de los pacientes y a La Casa del Hombre Nuevo para integrarlos a un sin fin de actividades creativas y motivadoras para la formación de la nueva conciencia de recuperación en todos los involucrados.

De lo experimentado en esta casa piloto y con las personas preparadas en ella, se podrá planificar la apertura de nuevas Casas del Hombre Nuevo donde estas sean requeridas.

Para los pacientes que viven en el interior del país y donde no hay una cantidad numerosa de ellos, hemos propuesto la terapia virtual, a través de la cual, cualquiera de ellos, tan solo alquilando una hora de Internet en cualquier Ciber, usando audífonos y micrófonos, podrán mantener contacto visual y auditivo con nuestros terapeutas.

Diariamente se hará una reunión en el horario más adecuado, similar a los "matutinos" que se realizan en las clínicas de Cuba, donde cualquiera de nosotros podrá hablar al grupo de su situación actual, sugiriendo constantemente que se debe tratar de conversar sobre temas de reinserción y de su vida actual, tratando lo menos posible de hablar de drogas, de sueños de consumo y cualquier tema que lo acerque a una etapa de la vida que quedo atrás. Cualquier situación preocupante debe conversarla sólo con los terapeutas, esto evitará las conversaciones adictivas en la comunidad y sin pretender que se olvide el constante riesgo que corremos, alejarnos de la situación limítrofe al recuerdo de la adicción activa y adentrarnos en los campos nuevos de la inclusión y la fusión con el proceso de nuestra sociedad.

Esta nueva propuesta ante el problema de la REINSERCION SOCIAL que planteamos en La Casa del Hombre Nuevo, apunta a alcanzar el punto de "resiliencia", una palabra muy extraña, que escuche por primera vez en la boca de la Dra. Aleida Guedez, Directora de Tratamientos de la ONA quien junto a la Lic. Ursula Boscán han sido mis aliadas en este camino y que quiere decir, según el diccionario enciclopédico Salvat: "resistencia que oponen los cuerpos, en especial los metales, a la rotura por choque o percusión. Es un caso particular de tenacidad, pues esta comprende también la resistencia a la rotura por tracción". (La palabra proviene del latín "resiliens", "lientis": el que rechaza o se retrae)", y que se refiere comúnmente a la temperatura en que se "templa el acero", lo que en nuestro caso podría indicar definitivamente el punto donde ya se consideraría muy difícil la marcha atrás en nuestra recuperación.

Alcanzar esta meta será una gran victoria, habremos completado el proceso de rehabilitación, el enfermo de adicción se habrá desintoxicado, habrá tomado conciencia de su enfermedad, habrá examinado y manejado los daños que le causó la adicción activa y abra tomado conciencia de su responsabilidad. Tendrá nuevos valores que ya lo acompañan en su "inclusión" nuevamente en la sociedad y sabrá cómo luchar por la transformación de la sociedad para hacer posible la erradicación de las causas principales de este y muchos otros problemas de la humanidad.

Habremos logrado dar un enfoque socialista a la lucha contra las drogas y estaremos preparados para una ofensiva final en la lucha contra la adicción.

Esta proposición puede ser la llave que abra el camino para una solución posible. La podemos realizar y hacer realidad con el concurso de todos: Los especialistas y profesionales brindarán lo mejor en el área de trabajo psiquiátrico y psicológico, los trabajadores sociales en la proyección hacia las comunidades, los Consejos Comunales, las escuelas, etc. Y los Pioneros del Hombre Nuevo serán el apoyo, los soldados de esta batalla.

Pido en mi nombre y en el de todos mis compañeros, en nombre de todos los profesionales de la salud comprometidos que anteponen sus sentimientos de amor y solidaridad al ansia de riqueza, pido en el nombre del mismo espíritu de cristo y del Che Guevara, que renacen en nosotros, a todos los hombres consientes, al Comandante Chávez y todos los presidentes latinoamericanos que despertaron y conducen nuestras patrias, que nos unamos en esta lucha, para un triunfo en todo el continente contra uno de los peores males que sufrimos, que demos estas batallas y nos preparemos para la ofensiva final donde se impondrá el socialismo como la nueva forma de vida liberadora que permitirá un nuevo mundo lleno de inclusión, sentido, valores y esperanzas.

Abriremos las puertas de La Casa del Hombre Nuevo, veremos entrar por ella a hombres y mujeres que fueron golpeados, destruidos, maltratados, a todos aquellos que tuvieron que vivir la distorsión de sus sueños, entraran con los ojos todavía con llanto pero con una esperanza de triunfo.

Abriremos esta puerta al futuro para que entren las canciones de la nueva era, las sonrisas del nuevo tiempo, los viejos poetas revolucionarios y también entrarán los sueños.

Allí estaremos todos los seres que antes vivíamos excluidos y nos miraremos las caras. Comprenderemos que si hay un camino y enseñaremos con orgullo ese hombre digno y hermoso que vivió siempre dentro de nosotros.

Verán salir de ella, de esta hermosa casa a un Hombre Nuevo, universal, brillante y altivo que asumirá las luchas de transformación para crear un mundo de libertad, de paz y de justicia.

Verán convertirse a todos esos seres que se consideraban desechos, uniformados y hermosos, en las filas del ejército más noble de esta tierra, el ejército de los hombres y mujeres que andarán por la tierra sembrando los nuevos valores, las esperanzas de que se convierta en posible una humanidad naciente de libertad y de justicia, de felicidad para todos.

Bibliografía

Marcelo Colussi El Narcotráfico: Una Arma del Imperio. (2.010) Argenpress, en sus ediciones virtuales.

Cañas, J. L. Antropología de las Adicciones. Psicoterapia y Rehumanización. (2.004) Editorial Dykinson.

El Enfoque Sistémico del consumo de Alcohol y de otras Drogas y sus Implicaciones en la Prevención. (1.989) Office for Substance Abuse Prevention.

Mayor Martínez Luís y López Camps Roque. Procesos Psicológicos y Adicciones - Procesos de Cambio. Proceso Terapéutico de Cambio. El Modelo de Prochaska y DiClemente. C. S. V. Valencia 1998, Págs. 8 - 45.

Lorenzo-Ladero-Leza-Lizasoain (2.009) Drogodependencias. Farmacología. Patología. Psicología. Legislación Editorial Panamericana.

Alfonzo García Martínez-Antonia María Sánchez. Drogas, sociedad y educación (2.005) Universidad de Murcia.

Echeburúa Odriozola-Labrador. Encinas Adicción a las Nuevas Tecnologías en Adolescentes y Jóvenes. (2.009) Editorial Pirámide

Ricardo González Menéndez. Contra las Adicciones. Clínica y Terapéutica (2.002) Editorial Científico-Técnica

Deirdre Boyd, Neo-Person. Adicciones: Respuesta a tus Preguntas Solución a tus Problemas. (2.000) Editorial: Neo-Person

Ernesto Che Guevara. Che Guevara Presente, Ocean Press, Australia, 2005

Che Guevara. El Socialismo y el Hombre en Cuba. (1965) Marxist.org.

Ernesto Guevara. Che-Alice Waters. Guevara Habla a la Juventud. (2.000)

Printed by Books on Demand GmbH, Norderstedt / Germany